智元微库
OPEN MIND

成长也是一种美好

"十四五"时期国家重点出版物出版专项规划项目

价值共生

数字化时代的组织管理

陈春花 著

人民邮电出版社

北京

图书在版编目（CIP）数据

价值共生 ：数字化时代的组织管理 / 陈春花著. --
北京 ：人民邮电出版社，2021.4（2022.7 重印）
ISBN 978-7-115-56050-6

Ⅰ. ①价… Ⅱ. ①陈… Ⅲ. ①数字化－企业管理－组
织管理－研究 Ⅳ. ①F272.9-39

中国版本图书馆CIP数据核字（2021）第035980号

◆ 著　陈春花
责任编辑　张渝涓
责任印制　周昇亮

◆人民邮电出版社出版发行　　北京市丰台区成寿寺路 11 号
邮编 100164　　电子邮件 315@ptpress.com.cn
网址 https://www.ptpress.com.cn
三河市中晟雅豪印务有限公司印刷

◆ 开本：720×960　1/16
印张：17.25　　　　　　　　2021 年 4 月第 1 版
字数：185 千字　　　　　　2022 年 7 月河北第 19 次印刷

定　价：78.00 元

读者服务热线：（010）81055522　印装质量热线：（010）81055316
反盗版热线：（010）81055315
广告经营许可证：京东市监广登字 20170147号

前言

价值共生成为组织管理的基本命题

我于 1992 年到东莞厚街镇挂职，于 1994 年再到汕头一家企业挂职。这两次出任管理者的经历，让我真切地感受到组织管理的重要性和挑战性。在那之后，我开始关注组织管理的问题，并在充分准备后开始讲授"组织行为学"这门课程。我第一次讲授组织行为学时深感压力，还记得那是 1999 年，压力正是源于组织与个人认知中的挑战。也正是这种压力，让我开始热衷于探究组织自身的力量、人在组织中的发展以及组织发展面对的问题与挑战。

我的兴趣在于组织与合作，关注人在组织中释放的价值，以及因合作形成的组织力量所产生的巨大作用。一个又一个个体一旦组合成组织，释放的能量常常令人振奋。想到组织，我的脑海中总会涌现阿波罗登月计划，30 万人的合作，实现了人类踏上月球的梦想；我的脑海中也会涌现中国 1978 年开启的改革开放，而后十几年 10 多亿人的齐心协力，创造了人类史上经济腾飞的真正奇迹。事实上，"现代组织在不到两个世纪的时间里——人类发展长河中的一瞬间——为人类带来了震撼人心的进步。如果没有组织作为人类合作的载体，人类历史上新的进步将无一实现"。

站在个体的视角回望组织，很多人又觉得组织禁锢了他们的梦想、激情和快乐。在大部分情况下，管理者会关注组织本身的发展，致力于提升组织效率、实现组织目标，这也是组织内在的需求。但是，在这种情况下，对个人来说，工作似乎往往只是一种责任、一种职业，甚至可能只是为了养家糊口。对一些人来说，组织是痛苦之地，充斥其中的毫无意义的内耗和竞争压抑着真正的创造力，人们无法满足于组织中的自我状态，却又找不到解决之道。

但是，人的生命并不仅限于此。我们希望能为追求更有意义的价值创造、更有灵魂的生命存在和更可感知的成就而组合在一起工作。就是带着这样的愿望，我始终关注个人与组织价值合一的管理模式。

自 2010 年，我从关注传统企业的组织模式转向关注数字技术带来的新合作方式、新组织模式。那些互联网与数字技术领先企业的组织创新实践令曙光出现。2013 年，我带领一家传统农牧企业进行组织转型，和团队一起完成组织变革任务。三年的转型实践帮助我更清晰地感受到数字技术和组织新模式带来的个体价值与组织价值的新意义：首先是个体价值崛起带来了全新管理范式的转换；其次是组织平台的激活。开放协同的组织平台所构建的价值网络产生全新的商业模式，与之匹配的新组织模式释放了前所未有的价值。

本书呈现的内容，源于我 12 年前的思考，也正是基于我在这12 年间的总结和发现。2015 年出版的《激活个体》一书完成了对个体价值崛起的管理新范式的研究；2017 年出版的《激活组织》一书完成了对组织平台新属性的研究，确定了激活组织的 7 项工作；2018 年与赵海然合作出版的《共生：未来企业组织进化路径》一书完成了对数字化组织价值模式的一个核心概念——"共生型组织"的界定，提出了打造共生型组织的四重境界；2019 年与朱丽合作出版的《协同：数字化时代组织效率的本质》一书，明确了数字化时代有关组织变化的 3 个判断和一个结论，总结出实现系统效率最大化的组织协同的构成要素。我以这 4 本书为写作的基础，构建了本书的整体框架和内容体系。

本书以数字化生存为背景，尝试梳理在数字技术带来变化的场景下，组织价值共生与价值重构的探索结果。因为，我相信这个领域已经发生了根本性的变化，我们需要对这些变化进行深入的描述、仔细的探索以及有效的理解，从而把握组织发展的真实状况并为组织取得绩效奠定基础。

20 世纪 90 年代，在微软（Microsoft）和比尔·盖茨（Bill Gates）的推动下，计算机几乎成为每个人必备的工具。公司及创始人一起用创造性的商业模式把一个少数大企业支配的市场转变为一个开放的舞台，新的商业机会的不断涌现促进了信息化发展，改变了人类的生活方式。到了 21 世纪初，苹果公司（Apple Inc.）和史蒂夫·乔布斯（Steve Jobs）不仅让手机变成了智能终端，帮助人们更便捷地生活与工作，同时还创造了一种生态系统，实现了整个社会产业链的共赢。真正意义上的数字革命与新组织方式在此时渗透了各个领域。

我认同凯文·凯利（Kevin Kelley）将科技描绘为人类进化合作者的观点。持续不断的技术创新帮助人们更透彻地理解世界、理解自我，从技术到人，在不确定性中寻求确定，以达到系统的和谐，将混沌系统转变为一个自组织系统。在写作本书时，我充分意识到，这一进化的过程，也正是以个体价值与组织价值释放为标志的。

数字技术会继续深化发展，新的模式也会不断呈现，更多的组织创新会被拓展出来，更多的研究学者会从不同的视角去观察、发现或整理更丰富的内容。但是，现在已经发生的变革和创新足以帮助我们创建有意义的组织，这也是我写作本书的根本原因。

以下是触动本书相关研究的几个问题。

- 身处数字化生存背景下，大部分组织都展开了组织变革与组织转型，确立了打造数字化能力的战略选择及资源投入。但是，如何真正理解数字化的本质，如何理解数字化技术带来的组织管理的新内涵，依然是一个需要重新认知的训练。
- 每个组织都渴望拥有优秀者，都希望获得创新创造的能力。对组织而言，强个体展示出的独特性也许是创造力的来源，但也可能是破坏性的始作俑者。与组织协同工作的个体因素到底是什么？这一切对领导者而言意味着什么？我们如何做好准备？
- 在大部分情况下，组织稳定性是组织绩效的来源。但是，在一个动态环境里，只有组织动态特征才能帮助组织获得绩效。环境这一因素的根本性变化需要我们对究竟怎样的组织才更有效进行进一步的探讨。从混沌到有序，个体演进、组织发展以及自组织本身都需要应对世界的复杂性，从而实现组织的自主管理、自进化模式以及组织中个体的心灵完整性和组织的整体性。

- 如何寻求组织的新价值，借助组织功能转变、结构转型、模式创新、价值牵引、组织学习等一系列改变，帮助管理者掌握新价值的来源，并最终创造出一种可以激发更多人潜能的组织、一种可以让更多人释放创造力的组织、一种可以持续发展和开放合作的组织？

对我而言，这些不仅仅是学术讨论，更是组织管理的实践议题。越来越多的个体希望获得有意义的工作，越来越多的管理者希望创造出梦想之地，越来越多的企业家希望打造更具活力的企业。实现这一切，正需要对上述几个问题展开思考，并由此得到答案。

人们生活于数字技术驱动变化的时代，这也是一个从旧发展模式快速迭代到新发展模式的转型期，期间的未知远大于已知。人们所擅长的能力、被验证过的成功已经不再能守护自身；那些全新的知识、概念和模式正在渗透并影响着人们；应接不暇的变化挑战着人们的学习力。

我力求忠实于数字化生存背景下所发生的事实，但是也很清楚地知道，对于正在发生的未来，我也难以避免自己的局限，正如彼得·德鲁克（Peter Drucker）所言，"这一缺点是我在从事所有创造性工作时需要面对的缺点。不过，我依然希望本书已经实现了其目标：报告我对新时代的见解。依然希望读者在以下两个方面均有所认识，有所触动：新的陌生时代已经明确到来，而我们曾经很熟悉的现代世界已经成为与现实无关的过往"。

正是基于这样的思考，基于企业管理实践，也基于对未来的敬畏，我用超过 10 年的时间来理解、研究数字化时代组织管理的特征，并从中发现其核心是人与组织价值共生、组织与组织价值共生。通过价值共生重构组织价值，尤其是重构管理者自身的价值，人们才可以在充满不确定性的数字化时代找到新的组织价值，从而让组织中的个体、组织本身以及与组织相关的合作伙伴都获得价值释放并创造新的价值。

目录

第四部分　新价值 / 141

新的陌生时代已经明确到来，而我们曾经很熟悉的现代世界已经成为与现实无关的过往。

——彼得·德鲁克（Peter Drucker）

第一部分

数字化及其对
组织的影响

第一章
数字化的本质

《财富》杂志刊登的 2019 年世界 500 强企业榜单对中国而言具有独特的意义，因为这是历史上首次中国企业上榜数量（129 家）超过美国企业上榜数量（121 家）。榜单发布后，《财富》杂志专门为此撰写了题目为"这是中国的世界"的文章，并认为：如果说 20 世纪是"美国世纪"，那么在 21 世纪，至少在商业领域，越来越有"中国世纪"的味道了。

自 2008 年起，人们见证了联想（2008 年）、华为（2010 年）、京东（2016 年）、阿里巴巴和腾讯（2017 年）等越来越多的数字化企业接踵登上《财富》世界 500 强排行榜。在过去两年，人们也经历了苹果（AAPL.US）、亚马逊（AMZN.US）、微软（MSFT.US）和 Alphabet（GOOG.US）成为首批市值达 1 万亿美元或以上的上市公司。无论是最近几年中国企业的成长，还是全球领先企业不断开创市值新高，都与数字化带来的创新息息相关。

两个典型案例

我选取了两家企业的发展案例说明数字化对企业发展的影响，或许能帮助大家更好地理解这一内容。这两家企业分别是柯达和富士胶片。宏盟集团（Omnicom Group Inc.）旗下 Interbrand 的数据显示：2001 年柯达的品牌价值位列全球第 27 名；而 2008 年，柯达的品牌价值未能进入全球前 100 名。2012 年 1 月，柯达正式申请破产保护。当月，柯达市值由高峰时的 300 亿美元跌至 1 亿美元左右。同月，日本富士胶片的数码相机新品发布会在美国拉斯维加斯举行，公司市值约 120 亿美元。

我们来看看这期间发生了什么，让两家公司的情况发生了逆转。我们深入分析两家公司在这一时期的战略就会发现一个尤为值得注意的情况：2002 年，柯达的产品数字化率只有 25% 左右，而其竞争对手富士胶片的产品数字化率已达到 60%。两家公司在 2002 年的数字化能力决定了两家公司在 10 年后，也就是 2012 年的结果。

事实上，柯达对数字技术的理解远远走在行业前端，公司内部很早就有人提出了大力发展数码相机以及启动产品市场推广的意见。但是，因为传统业务的优势非常明显，他们甚至认为数字技术应该被运用在拓展胶片业务上，而没有真正理解数字技术带来的是消费行为的全新改变，同时顾客价值也会随之改变。因为柯达固守自己原有的业务模式，但是消费者已经改变，所以，柯达于 2004 年亏损 1.13 亿美元，于 2005 年亏损 7.99 亿美元，于 2006 年亏损 3.46 亿美元。2004 年以后，柯达仅于 2007 年实现了全年盈利，而营收的主要来源竟然是出售专利和侵权诉讼赔偿。

我们再来看看富士胶片。20 世纪 80 年代，富士胶片就正确判断了数码技术的未来，拟定了三大战略方向，"第一，从传统胶片业务中争取更多的利润并尽量抽离资金；第二，为向数码影像业务转型做好准备；第三，开发新业务"。据报道，富士胶片将"最早的影像事业、信息事业、文件处理事业三大业务板块调整为医疗生命科学、高性能材料、光学元器件、电子影像、文件处理和印刷六大重点发展事业"。同时，富士胶片还将在照片感光材料领域孕育出的有机材料、图像、光学等核心技术成功推广到这六大事业中。2003 年，富士胶片进行企业战略转型。2005 年和 2006 年，富士胶片削减了 2000 亿日元以上的胶片业务支出，加大了数码相机的研发和推广力度，同时将传统的胶片专注于医用行业。2007 财年，富士胶片的收入创下历史新高。富士胶片转型数码时代的故事被哈佛商学院以"二次创业"（A Second Foundation）为题收入案例教学库。

2013 年 8 月底，接受《哈佛商业评论》中文版专访之际，富士胶片的总裁古森重隆说："在数码时代，富士不再是一家胶片公司，也不会是　家数码公司，而是一家以尖端技术为核心的多元化公司，这家跨多个行业的公司，极有可能在生物医药领域卓有建树。"

他还提到："对于一家胶片公司来说，投资数码技术就像是搬起石头砸自己的脚，等于自己亲手缩短了胶片业的寿命。但是，富士胶片当时之所以选择投资和开发数码技术，是因为我们意识到，富士胶片不做这件事，一定会有别的公司来做，比如索尼、松下、东芝这些电器厂商，还有尼康、佳能这些照相机厂商等，这是未来的方向，所以我们必须争取主动。柯达在数码时代突进时却没有采取迅速的行动，而是犹犹豫豫、畏首畏尾，直到数码时代的格局已经明朗，才调整自己的战略。"由于在战略上对数字化的投入不同，这两家公司的结果也完全不同。

柯达和富士胶片的案例引出了一个核心问题：你的企业为数字化的嵌入投入了多少？今天发生的一系列变化的背景是，数字化已经深刻地融入各个行业。数字化的嵌入速度比想象中的更快。普华永道的"2017 年数字化指数调查"显示，88% 的中国企业明确将数字化融入企业战略，70% 的全球企业明确将数字化融入企业战略。2018 年，我和研究团队与金蝶公司组建的联合研究小组在调研中发现，超过 97.1% 的企业计划使用数字化转型的财务服务，69.6% 的企业认为财务管理关键职能需要系统对接与跨界业务核算。2020 年，受新冠肺炎疫情的影响，几乎每家企业都需要嵌入数字化。

数字化更是深刻影响着人们的日常生活。现在很多年轻人吃饭时已经不再根据餐馆的菜单点菜，而是看着手机 App 选择餐厅、决定吃什么，因为人们逐渐发现，手机 App 提供了可靠的选择。同样的情形还发生在日常生活中的很多领域，人们越来越依赖机器智能的建议，而不是人类自己的。

一切事物都在实时、实地、永不停顿地发生着改变，从生活方式到商业模式，按照道格拉斯·洛西科夫（Douglas Rushkoff）的说法：我们来到了"一个不再熟悉的世界"。这个世界的基本状态就是"数字化生存"状态。如何认知这个不熟悉的世界，如何认知"数字化生存"的方式，变得非常关键。

数字化的本质特征

如何认识"数字化"，以及如何认知"数字化生存"方式，的确是个难题。数字化首先是个技术概念，同时又是个代际概念。从技术概念角度理解，数字化是指把模拟数据转化成由 0 和 1 表示的二进制代码。而此处所探讨的代际概念特指工业时代到数字时代的转换，数字化技术作为一个分水岭，把人类从工业革命带入信息革命。所以，从代际概念角度理解，数字化是指现实世界与虚拟世界并存且融合的新世界。

在本书中，有关数字化的话题是从代际概念的角度展开的。正如一些研究者认为的，数字化通过"连接"实现各种技术创新、各种方式组合；是利用人工智能、移动技术、通信技术、社交、物联网、大数据、云计算等，在虚拟世界中重建现实世界。

基于这一理解，我认为数字化有以下三个本质特征。

特征一：连接——连接大于拥有

凯文·凯利在《失控：全人类的最终命运和结局》一书中表达了一个思想，他认为互联网的特性就是所有东西都可以复制，这就会带来如他在诠释以智能手机为代表的移动技术时提出的两个特性：随身而动和随时在线。人们需要的是即时性连接体验。这个观点有助于我们理解数字化"连接"的本质特征。

即时性连接体验帮助人们更便捷地获得价值感，也因此推动了互联网的商业模式快速迭代与倍速增长。今天的人们已经习惯于通过在线连接获取一切，如电影、音乐、出行等，人们不再为拥有这些东西而付出，反而更希望可以通过连接获得相应的体验，因为后者更为便捷、成本更低、价值感受更高。记得有一次去广州，朋友问我是否愿意试乘特斯拉，我当时很惊讶，因为当时特斯拉刚进入中国不久，我很想体验一下。我以为他买了一辆特斯拉，因为与我同行的有九人，虽然很想第一时间体验，但还是告诉他，人太多了，就不麻烦他了。结果，我们到达广州机场后才发现那位朋友提供了三辆红色特斯拉试驾，这些特斯拉不是他自己拥有的，而是在线预约的。这一即时性连接体验，既给同行的年轻人带来惊喜，也让我直接体验了"连接大于拥有"的价值感。

数字化以"连接"带来的时效、成本、价值明显超越"拥有"带来的获得感，亨利·福特（Henry Ford）"让每个人都能买得起汽车"的理想在今天完全可以演化为"让每个人都能使用汽车"。"连接"汽车的意义远大于"拥有"汽车。

特征二：共生——现实世界与数字世界融合

数字化通过连接和运用各种技术，将现实世界重构为数字世界，所以现实世界与数字世界融合是数字化的第二个本质特征。此处引用"数字孪生"(Digital Twin)[1]概念来诠释这一特征。2011年，迈克尔·格里夫斯（Michael Grieves）教授在《智能制造之虚拟完美模型：驱动创新与精益产品》一书中引用了其合作者约翰·维克斯（John Vickers）描述该概念模型的名词，也就是"数字孪生体"，并一直沿用至今。格里夫斯在"产品全生命周期管理"课程上提出了"与物理产品等价的虚拟数字化表达"的概念：一个或一组特定装置的数字复制品，能抽象表达真实装置并能以此为基础进行真实条件或模拟条件下的测试；该概念源于对装置的信息和数据进行更清晰表达的期望，希望能将所有的信息放在一起进行更高层次的分析。

简单来说，数字孪生就是对真实物理系统的虚拟复制，复制品和真实品之间通过数据交换建立联系，人们可以借助这种联系观测和感知虚体，并由此动态体察实体的变化，所以数字孪生中的虚体与实体融为一体。

就如数字孪生般，数字化正将现实世界重构为数字世界，这种重构不是单纯的复制，更包含数字世界对现实世界的再创造，这意味着数字世界通过数字技术与现实世界相连接、深度互动与学习、融为一体，共生并创造出全新的价值。

特征三：当下——过去与未来压缩在当下

数字化技术是关于连接选择的问题，选择与谁连接，选择何时连接。

---

[1] 是指充分利用物理模型、传感器更新、运行历史等数据，集成多学科、多物理量、多尺度、多概率的仿真过程，在虚拟空间中完成映射，从而反映相对应的实体装备的全生命周期过程。

所以一些人认为，数字化路径更接近电脑游戏而不是历史叙事，不再是从过去到现在再到未来。用道格拉斯·洛西科夫的观点来说，"数字化时间轴不是从一个时刻过渡到另一个时刻，而是从一个选择跳到另一个选择，停留在每一个命令行里，就像数字时钟上的数字一样，直到做出下一个选择，新的现实就会出现在眼前"。

受洛西科夫的启发，我将数字化的第三个本质特征确定为"当下"。从他有关数字化影响的研究中可以了解，数字技术带来的冲击已经不再是变化带来的，而是由变化的速度带来的，正如他所言："我们不再测量从一种状态到另外一种状态的变化，而测量变化的速度以及速度变化的速度，依此类推。时间不再是从过去到未来，而体现在衍生物上，从地点到速度再到加速度。"

这也是为什么人们会觉得在数字化时代，变化与迭代剧烈，更迭与颠覆频繁，"黑天鹅"满天飞，让人应接不暇。因为数字化本身就是把过去与未来都压缩在当下，使其以更大的复杂性、更多的维度交织在一起。不仅仅是变化，变化本身的属性也发生了改变，也就是人们对时间价值的理解发生了改变。这就意味着，"保持竞争优势的时间变短了，这不仅仅发生在科技领域，而且遍布所有产业"。

《互联网周刊》主编姜奇平在为洛西科夫的中文版图书写的序中提及时间范畴在数字化时代的冲击下所发生的变化，谈到了洛西科夫对于三种时间观的比较并将之综述为三种答案：永恒时间（上帝所在）、等长时间（金钱所在）、当下时间（体验所在），并进一步展开为"农业社会的时间是自然存在的尺度……工业社会的时间是社会存在的尺度……信息社会的时间是意义存在的尺度"。

我们沿着这个思考的维度进行理解。在农业时代，自然存在就是最有价值的，要理解农业就需要理解生命的自然状态、自然存在的状态不能被人为改变，即使很多技术在今天已经能改变自然生命的状态，人们却依然要理解生命本质的意义，因此农业社会的时间更是以生命实体功能的状态来度量的。

在工业时代，机器革命的出现使人们不再度量自然存在的状态而专注于机器带来的效率与速度，其核心价值就是如何以更高的效率获得更大的产出。所以，在工业时代，能否用最少的时间产出最多、实现最大的规模，成为衡量人们是否成功的准则。大规模生产成为核心标志，效率是最重要的，也就是人们常说的"时间就是生命""效率就是金钱"。

在信息时代，受快速变化、信息过载等影响，人们更关注价值感知，而不再单纯关注效率与速度。因为变化的速度已经成为一个基本要素，所以人们更加需要关注的是，当下为生活和意义赋予的价值是什么，附加值有多高。因此，产品的价值与意义显得尤为重要。

一切都变得完全不同了。互联网技术在 20 世纪 90 年代开始普及，至今也不过 30 多年的时间，但是在此期间，世界发生了巨大的变化，互联网技术改变着人们的生活方式和工作方式。对今天的每个人来说，生活技能甚至需要重新被学习，在线购物、电子支付、网约车出行、基于网络社群的新社交方式……人们不得不调整认知能力以跟上变化的步伐，否则就无法理解眼前发生的一切。

在互联网技术带来了消费革命、在线繁荣并对传统行业造成不断冲击后，数字化成为人们在日常生活中的一个观点、一个概念和一种存在，这也是人们需要认识数字化的核心关键。理解数字化，已经成为一种理解人们所生活的世界的基本生存状态。

数字化的三个本质特征"连接""共生""当下"，可被用于区分工业时代与数字化时代，是二者在根本上的不同之处。在工业时代，企业资源和能力是实现战略的关键要素，企业通过一系列努力获取资源、提升能力，构建核心竞争力。在数字化时代，通过"连接"与"共生"，企业的资源和能力不再受限于企业自身，而有了很多企业外部的可能性，所以企业核心竞争力的关键是理解"当下"的价值和意义，寻求更大范围的资源与能力的聚合，因此"连接"成为企业实现战略的关键要素。

我们可以通过一个产品累积到 5000 万用户所需时长的变化感受数字化技术带来的时间价值的改变。财经图表网站 Visual Capitalist 对近现代以来的重要发明做了一个盘点，统计了各种发明的用户数量达5000 万所需的时长。如图 1-1 所示，飞机、汽车、电话、电力代表的以交通、通信和电力为主的第一阶段要实现这一用户数量至少需要 46 年的时间，平均时长超过 56 年；信用卡、电视机、自动柜员机（ATM 机）、计算机和手机代表的以新技术革命为主的第二阶段实现这一目标需要的时间缩短到 12~28 年；到了互联网技术出现的第三阶段，这一时间被压缩到 7 年以内；在互联网快速普及时，正如图 1-1 所示，全球最大社交平台 Facebook、微信和增强现实游戏

"Pokemon Go"的用户累积到 5000 万分别只用了 3 年、1 年和 19 天。来到数字技术时代，用户呈现指数级增长。

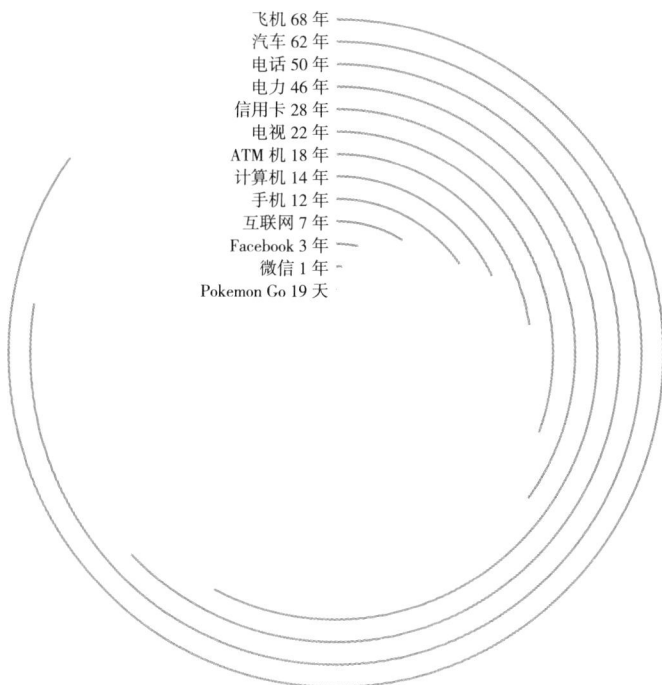

飞机 68 年
汽车 62 年
电话 50 年
电力 46 年
信用卡 28 年
电视 22 年
ATM 机 18 年
计算机 14 年
手机 12 年
互联网 7 年
Facebook 3 年
微信 1 年
Pokemon Go 19 天

图 1-1　不同发明的用户数量达 5000 万所需时长

资料来源：Visual Capitalist。

如此高的用户数量增长速度势必带来行业中不同企业发展态势格局的转换，改变了 3 个与企业相关的最重要事项：企业寿命、产品生命周期以及争夺顾客的窗口时间。这三者都在缩短，换个角度说，企业所做的任何事情都需要时间标签。企业管理者要扪心自问：自己的企业、产品、战略与时间有怎样的价值关联？如果没有，你其实还没有进入数字化生存状态，仍然停留在工业时代。

理解产业数字化

2015 年，人们开始讨论与"互联网的下半场"相关的议题。互联网进入下半场，其根本变化是数字技术进入产业端，而不仅仅停留在消费端。相比互联网的上半场，企业在互联网的下半场会感受到更大的冲击。因为上半场的重要改变都发生在消费端，即消费互联网，这直接为零售业带来了巨大的变化，电商与在线模式几乎颠覆了整个传统零售业，但彼时产业端和制造端还未遇到根本性的挑战。

随着互联网的下半场开始，线上线下被打通成为现实，线上企业开始转移到线下。2017 年，阿里巴巴推出"五个新"战略，即新零售、新制造、新金融、新能源、新技术，阿里巴巴把线上的优势转换到五个领域中，创造产业新价值。2018 年，腾讯提出"产业互联网"的战略升级，马化腾更是直接表示，这是"一次非常重要的战略升级，互联网的下半场属于产业互联网。上半场，腾讯通过连接为用户提供优质服务；下半场，腾讯将在此基础上，助力产业与消费者形成更具开放性的新型连接生态"。

在互联网的上半场，很多人认为"虚体经济"冲击了"实体经济"且带来了实体经济的"集体焦虑"。事实上，并不是虚体经济冲击了实体经济，而是消费端改变了，是顾客开始淘汰实体经济，这才是真正令人担忧的。因应这个变化，实体经济必须融合数字技术以满足顾客价值，人们已经越来越清楚，虚体经济的价值和实体经济的价值融合在一起，才能为顾客创造全新的价值。

互联网的下半场，要求人们理解数字化对产业价值的意义。按照约瑟夫·阿洛伊斯·熊彼特（Joseph Alois Schumpeter）的观点，创新可以简单地被定义为建立一种新的生产函数。而企业家的职责就是实现生产要素和生产条件的"新组合"（New Combinations）。数字化对产业价值的意义，就是数字化资源将通过各种形式源源不断地渗透到产业链的每一个环节，从而诞生无限可能的"新产业组合"。

2018 年，美国布鲁金斯学会在《人工智能改变世界》中提到，人工智能将推动全球 GDP 增长 15.7 万亿美元，至 2030 年经济将增长 14%。人工智能本身将渗透到各个产业。从人工智能专利覆盖数量的角度看，目前排在前 20 位的产业都因人工智能被改变（见图 1-2）。

数字化技术进入各个产业所形成的新产业组合，使得各个领域因数字化而显现出全新的价值。在工业时代，创新依然是生产要素的组合；在产业数字化过程中，数字化在原有生产要素组合的基础上，又增加了数字价值的组合，产生了全新的产业价值。

如图 1-3 所示，相较于依赖医生的独立诊断，腾讯觅影提供的人工智能（AI）辅诊的准确率有大幅度提升。AI 辅诊已经覆盖 500 种常见病，能实时提供诊疗建议，有效降低全科医生的漏诊率。

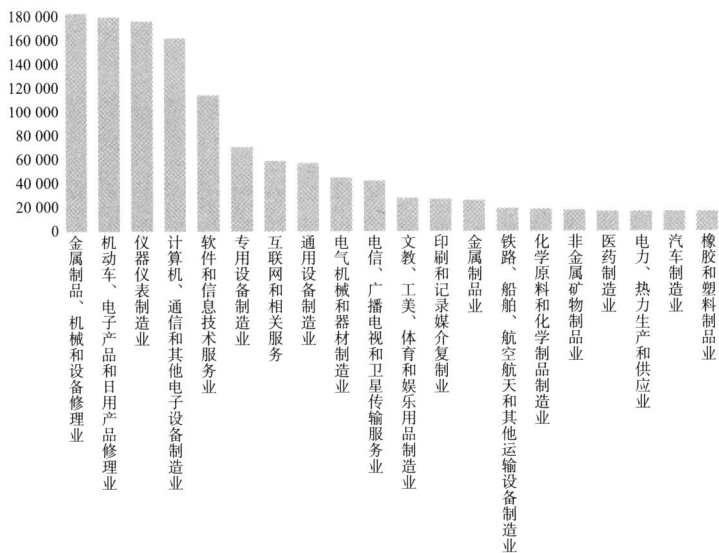

图 1-2　人工智能专利覆盖数量前 20 位产业
资料来源：美国布鲁金斯学会报告《人工智能改变世界》。

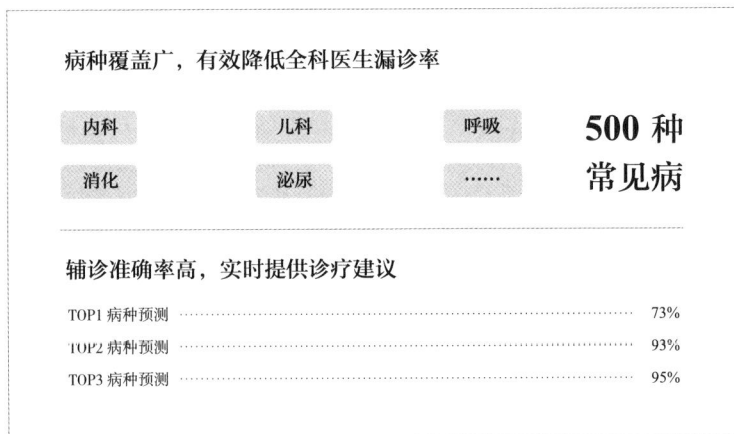

图 1-3　腾讯觅影提供的 AI 辅诊：国家级人工智能应用

人工智能加入医疗诊断，使诊断的准确率越来越高，由此产生了一个人工智能与医疗之间的新价值空间。此时的腾讯不仅是一家互联网公司，也可以是一家医疗健康公司；此时的医院也不再是一家传统意义上的医院，而是一家拥有人工智能技术的医院，可以通过精准医疗给患者更好的诊疗，这就是产业价值的新组合。

在持续跟踪中国领先企业发展的近 30 年时间里，我发现这些领先企业的共性特征就是持续进步、持续转型、持续自我超越。例如，我们很难简单地将海尔定义为一家制造公司，它是拥有工业互联网平台的新型智能制造公司，"智能"两个字已经深深嵌入企业的整体战略中并以组织和最终产品的形式呈现。今天的华为也不再是通信行业的供应商，而是一家能让技术连接千家万户、更在 5G 技术领域领跑全球的企业。

这些企业能持续领先，其根本原因就是与时俱进，满足顾客需求并创造顾客需求；在今天，这些企业则运用数字技术，更新自己的认知，将市场与技术的变化融入组织的能力，持续实现真正的产品和服务创新，创造产业新价值。这些企业也因此成长得更加稳健。

六个关键认知

这些持续领先企业所拥有的数字化生存能力，首先体现在企业家对数字化本身的理解以及对产业互联网的理解，其核心关键是企业家认知的改变。他们更早地认识到，沿用过去的认知和经验无法真正地理解数字化带来的改变和可能性。研究发现，在这些认知改变中，最核心的是理解以下六个关键认知：

- 一切正在转化为数据；
- 连接比拥有更重要；
- 开放、信任和协同是关键；
- 从竞争逻辑转向共生逻辑；
- 顾客主义；
- 长期主义。

认知一：一切正在转化为数据

一切正在转化为数据，这在今天已经成为现实。在人们的日常生活中，在企业与产业的活动中，数据成为媒介并影响着价值本身。如果能理解这一点，企业发展就会有两个方向上的创新价值的空间：一个方向是模式创新；另一个方向是效率改变。

有很多人问我："陈老师，传统企业有办法像互联网企业那样展开模式创新吗？"答案是肯定的。以制造企业为例，在数字化之前，你根本不知道谁在用你的产品。在数字化之后，你可以知道谁在用你的产品，你能更直接地感知顾客对产品的体验和其价值需求。在供应链端和产业伙伴端，拥有数字化能力就可以根据供应链间的数据、产业间的数据，让供应链和产业协同变得更加有效。所以，传统企业一样可以如互联网企业那样展开模式创新。

又如农业领域，在数字化之前，农业产业的核心要素是种子、土地、农民，影响因素有天气、农产品生产周期，然后农产品经过加工、物流、配送，最后被送到餐桌上。在数字化之后，信息网络、数据共享、金融服务等纷至沓来，影响农业的要素由传统要素转变为金融、供应链、农业信息技术等。这些新要素使从田间到餐桌，即端到端的效率大大提升，而损耗大幅度降低，农业整体价值发生了根本性的改变。一切转化为数据时，企业创新创造的价值空间也变得更大了。

再看看数字化对影视行业的影响。按照好莱坞的模式，影视产品的制作过程是工业化的、专业分工的，因此需要兼具好剧本、好编剧、名导演、名演员，才能最终保证制作出一部具有高票房的作品。某著名影视公司运用数字化技术把观众纳入整个制作过程，让观众在线参与剧本制作，在线投票选择出演主角的演员。事实上，作品还未发布就已经在大数据的帮助下完成了从剧本到作品上线的全过程，并且提前获得了最终的结果。

一切都在被转化为数据，这就要求我们理解数据的两个特定价值：洞察与包容。

数据即洞察，意味着只有理解数据才能理解消费者和市场，理解产业伙伴之间的关系。因为数据，商业活动发生了以下三个根本性变化。

第一个变化，即从顾客转向用户。在工业时代，企业只需要理解顾客，因为顾客是企业核心价值的来源。但是，在今天，企业需要理解用户，因为用户构建了企业价值的生长空间，如果只有顾客没有用户，企业就没有机会。

第二个变化，即从产品转向数据。在工业时代，企业以产品为中心，产品是企业与市场之间的桥梁，人们通过产品认识企业。今天，企业以数据为中心，通过数据和市场相连。企业如果无法实现数据化，就失去了与市场连接的通路。

第三个变化，即从供应转向协同共生。在工业时代，产业伙伴之间是供应关系，企业如果在供应链上具有优势，也就具有了竞争力。在数字化时代，产业伙伴之间是协同共生的关系，大家共同打造一个生态系统，通过共生价值创造成长的空间。

数据即包容，意味着拥有数据就可以融合更多需求，产出更多价值。数字应用可以重塑现实世界，创新出一个全新的世界。

以下数据应用的产品的案例总是给我感动。一直以来，人们都没有办法让聋哑人有效参与日常生活中的各项活动，原因就在于普通人学习手语非常困难，所以聋哑人只能与很少的一部分人交流，这也限制了他们的日常生活。数字技术解决了这个难题，某款数字产品就可以支持数十种语言的翻译，手语通过数字技术被转换为文本，而文本是人们所熟悉的。这款产品让全球 3400 万名聋哑儿童克服了阅读障碍并真正地从生活互动中获得了乐趣。

认知二：连接比拥有更重要

今天，一切都在持续迭代、不断优化甚至颠覆之中，任何一家企业都无法独自应对；今天，一切都在相互连接、万物互联、彼此交织之中，任何一个组织都无法独立存在。在数字化时代，动态是根本特征，迭代与优化是基本形态，而集合智慧是解决之道。因此，连接比拥有更重要成了一个关键认知。

连接与共享，不断改变人类的生活方式和组织运营模式。优步、滴滴等新型公司，依靠连接与共享价值脱颖而出；海尔、华为等传统企业，依靠开放协同、共生连接保持持续领先。

2018 年，销售额超过 1000 亿美元的华为迈入千亿美元俱乐部。人们在惊讶华为的强劲增长之余，也会关注华为的战略布局。华为立志以数字世界面向客户，"把数字世界带入每个人、每个家庭、每个组织，构建万物互联的智能世界"。华为展开的"数字行动计划"足见其决心。该数字行动计划的核心是借助"联接""应用""技能"三个关键价值。在过去 10 年中，该计划已帮助 108 个国家和地区的 3 万多名学生提高了数字能力。华为通过数字行动计划，把未来和自己组合在一起。

2019 年 6 月，华为终端事业部"将实施 1+8+N 全场景战略。'1 个太阳'指的是手机，'8 个行星'指的是平板、TV、音响、眼镜、手表、车机、耳机、PC 八大业务，而'N 个行星'指的是移动办公、智能家居、运动健康、影音娱乐及智能出行各大板块的延伸业务。

华为通过'联接战略'，帮助人们进入数字生活中"[1]。

认知三：开放、信任和协同是关键

实现数字化的核心关键是可信度、安全性和协同价值。如果不能提供可控性、安全性，不能开放、协同，企业就很难得到切实的发展。在很多领域，一些企业为什么做得好？就是因为这些企业和生态伙伴构建了命运共同体，彼此开放、信任与协同。

在新零售对传统零售产生巨大冲击之时，一家从不说自己是互联网公司的企业却没有受到影响且发展依然顺利，这家企业就是 7-Eleven 便利店。为什么它可以做到？ 7-Eleven 从创设之初就确定了与合作伙伴建立命运共同体的设想。为了实现这一设想，7-Eleven 和生态伙伴之间建立了信任，实现了开放协同。7-Eleven 在全日本拥有 25 000 家店，其中直营店只有 510 家，没有自己的工厂，更没有自己的配送中心。光顾 7-Eleven 的顾客每天超过 2000 万人次，享受着全天候和全渠道的便利服务。正是因为其与生态伙伴协同工作，才能为人们的日常生活提供如此多的便利。

小米用 8 年时间走进了世界 500 强榜单，令人们对小米的高速发展产生了好奇。深入研究小米的发展会发现，推动小米高速增长的不是小米自己，而是它所打造的生态系统。比如，小米拥有开发者平台"小爱开放平台"，有 1000 多家企业的开发者和 7000 多名个人开

---

[1] 每日经济新闻，"华为发布 1+8+*N* 全场景战略 电视和眼镜在列"。

发者在这一开放平台上协同共创价值；"小米 IoT 平台"连接全球超过 1.32 亿台智能设备。这些就是小米以如此短的时间获得如此高的增长的根本原因。

只有建立可靠、信任和连接，企业才能真正创造价值。正如马化腾所说，"携手合作伙伴一起打造'没有疆界、开放分享的互联网新生态'"。[1]

认知四：从竞争逻辑转向共生逻辑

我和廖建文老师（曾任京东集团首席战略官）花了 3 年多的时间，研究战略底层逻辑在数字化时代下的变化，得出的结论是，从竞争逻辑转向共生逻辑。

在工业时代，企业的关键价值是满足顾客需求，因此在产业发展中，战略的关键是具有比较优势，核心是如何获得竞争优势并最终在竞争中获胜；在数字化时代，企业的关键价值已不在于满足顾客需求，而在于能否为顾客创造需求。也就是说，数字化时代的很多需求是被创造出来的，甚至顾客自己都从未了解过这些需求，或者根本从未发现这些需求的存在。

因为在全新的、未知的领域里，企业事实上也不知道竞争对手是谁，所以其在战略上的关键并不是获得比较优势，而是获得生长空间，

---

[1] 腾讯网，"马化腾致合作伙伴公开信：开放生态'大树'变'森林'"。

核心就是找到共生伙伴，创新顾客需求，创造顾客价值。

但是人们已经习惯性地认为在真实市场中存在竞争对手，所以将固有的战略认知习惯转变为新的战略认知逻辑是一件极不容易的事情。尽管如此，我们还是要做出彻底的调整，要确信自己没有对手，要问自己能和谁共同为顾客创造新价值，这就是共生逻辑。

从竞争逻辑转向共生逻辑是战略底层逻辑的改变。伴随战略底层逻辑的改变，各个行业都会诞生全新的价值空间，零售、交通出行、医疗、金融等产业发生的变化，让顾客感受到数字化带来的、前所未有的新体验和新价值，也帮助企业、产业获得了新的成长空间。

认知五：顾客主义

在数字化生存中，一切皆变，不确定性是常态。在不确定性中唯一可以确定的就是顾客，因此顾客主义成为第五个关键认知。德鲁克认为，企业只有一个定义，那就是创造顾客。而在数字化时代，我认为企业只有一个定义，那就是创造顾客价值。数字技术让企业更贴近顾客，方便企业与顾客直接连接、互动，使企业更容易理解顾客，数字技术为企业创造顾客价值提供了更大的空间和可能性。

在动荡与充满不确定的环境里，对企业而言，与顾客在一起的逻辑更可靠。我们通过针对数字化战略课题的研究发现，由于能直接贴近顾客并与顾客展开对话，企业的发展机会变多，发展空间也会变大。在研究中，我们可以从两个维度理解新的发展机会：一个维度是顾客端；另一个维度是技术端。顾客端既可以在现有需求中发现新需求，也可以创造和引领顾客潜在的新需求；技术端既涉及已有技术的新应用，也涉及颠覆性的技术产生的新可能性。

顾客需求与技术组合应用释放出了全新的战略空间。这些新空间不仅重新定义了行业，而且延伸出了一些新的行业。例如，在传统电视机销量急剧下滑的同时，小米电视在 2019 年的销量却增长强劲，成为全国销量第一的品牌，这正是因为小米电视生产的是基于互联网的生态电视机。技术和需求组合也推进了产业新需求的出现与实现，更重要的是，为顾客带来了新价值，并创新了顾客需求，让人们体验数字化生活的美好。

一些企业家曾问我：“进行技术创新需要投入很多资金，但是我的企业很小，没有什么资金可以投入技术创新，怎么办？”对于这个问题的答案，乔布斯的观点非常值得借鉴。1998 年，当《财富》杂志采访时任苹果公司总裁乔布斯时，他说：“创新与公司研发投入的多少没有必然关系。当苹果推出 Mac 的时候，IBM 在研发上的投入至少是苹果的 100 倍。”可见，创新的关键还是回归顾客价值。

认知六：长期主义

长期主义之所以作为最后一个关键认知，是因为无数的事实证明，只有长期主义才能超越危机。外部环境是不确定的，所以最重要的是自己要笃定，因为在不确定性中寻求稳定性需要依赖稳定的价值观，也就是长期主义价值观。长期主义价值观旨在追求最基本的价值、人本性的善良与真诚，推动人类社会进步，增强人类的福祉，这些是可以穿透时间、超越危机的。

1997年，亚马逊上市之初，杰夫·贝佐斯（Jeff Bezos）就对公司股东表示："亚马逊立志做一家长远发展的公司。公司所做的一切决策也将立足于长远的发展而非暂时的利益，我们会尽自己最大的努力来建立一家伟大的公司，一家我们的子孙都能见证的伟大的公司。"他带领亚马逊坚持长期主义的路线，在2011年的年报中，他说："如果你做一件事，把眼光放到未来三年，和你同台竞技的人很多；但如果你的目光能放到未来七年，那么可以和你竞争的人就很少了。因为很少有公司愿意做那么长远的打算。"致力于做长期主义者的人，一定不是机会主义者。

为什么需要长期主义的认知能力？因为长期主义基本假设明确认同以下三个答案。第一，企业与环境是一种共生关系。企业与环境、供应商、顾客是共生关系，是互为主体的关系，不是主客体关系。第二，用整体论[1]认识世界。拥有整体论认识世界的方式，才能理解万物一体，以及个体独立的数字化生存的本质特征，才可以解决所面对的复杂性、彼此联系和相互关联等问题。第三，能帮助企业确定自己的组织使命是对世界善良、敬畏和付出，这也是企业的能量来源。

华为之所以能一次又一次地超越危机，包括2019年被美国列入实体

---

[1] 一种哲学观点，认为整体大于部分之和，各个部分整合为一个整体时会出现新的属性，与各部分属性无关。

清单，正是因为其所具有的长期价值观——"以客户为中心，以奋斗者为本"。华为以此确定公司的战略，回应技术对人的影响，并用技术提供解决方案和价值输出。正是长期主义的战略布局，使华为在遭遇如今如此大规模的围剿时，依然保持增长。

最后，回归认知本身。认知是指人们获得知识或应用知识的过程或信息加工的过程，这是人的最基本的心理过程。将外部信息转入人的内在的心理活动，"进而支配人的行为，最后得到不同行为结果，这一信息加工过程就是认知过程"。针对相同的外部信息输入，由于对信息加工的能力不同，具有不同认知能力的人所得出的结果也不同。对于同一个外部信息的变化，有人获得机会，有人束手无策，这正是因为认知水平不同。所以，我们要训练、提升自己的认知能力，也以此来理解 6 个关键认知的重要性。

第二章
重新定义组织管理

今天，以互联网为依托、以数字资源为核心要素、以信息技术为内生动力、以融合创新为典型特征的数字经济，作为一种新的经济形态革故鼎新、大势已现。

移动互联网的发展让人们越来越深入地理解，数字经济崛起是一个基本的趋势。过去，人与数字世界之间横亘着一道天然鸿沟，而大数据的快速应用正在填平这道鸿沟，而且比人们想象的速度要快；人工智能在全球范围内展开新一轮角逐，对传统的组织模式与发展模式进行了重新定义。

这一系列的变化正在持续进行中，数字技术不断融入组织的各个领域，彻底改变组织与顾客、组织与员工、组织与行业、组织与社会的互动方式，将现实世界与数字世界的边界打破并融合在一起。因此，创新价值成为企业发展的基本选择。

数字化带来的变化

数字技术的极速发展使各种新兴的商业模式如大潮般涌现，技术革命带来的冲击几乎覆盖了所有组织。对每一个组织而言，要么迎接挑战以找到自己的出路，要么被挑战冲击而淘汰出局。如果不能真正理解数字化带来的改变并因应做出改变，组织即使凭借一时运气闯过巨浪，也可能依然会被后浪淘汰出局。

在数字经济时代，跨界作为一种趋势无处不在，成为当今商业社会最常见的商业模式。技术创新与应用重构了组织、员工、顾客和合作伙伴之间的价值关系，其中数字化技术带来的变化更是重新定义了人们的工作方式和生活方式，催生出更多元的数字化生态。

所以我们需要在理解数字化本质特征的基础上，理解数字化为组织带来的关键变化到底是什么，这些变化的内在意义是什么。

在数字化背景下，企业运营逻辑发生了很多改变。例如，在探讨为顾客服务时，企业管理者关注的是需要多少人力资源，需要多少商业空间。在数字技术的帮助下，企业只需要多加两台服务器，就可以多服务上万名顾客，提供更高效的价值。

图 2-1 对宜家家居、沃尔玛、阿里巴巴的淘宝网三家公司服务顾客的时间维度和资源维度进行了比较。从图中可以看到，淘宝网借助了数字技术，因此成长方式与另外两家公司完全不同，所获得的增长也完全不同。在数字经济时代，价值活动核心转向客户，将技术

更高效地聚焦在顾客端，这就是驱动高成长的真正原因。下文将深入分析，我们需要特别关注数字化带来的哪些变化。

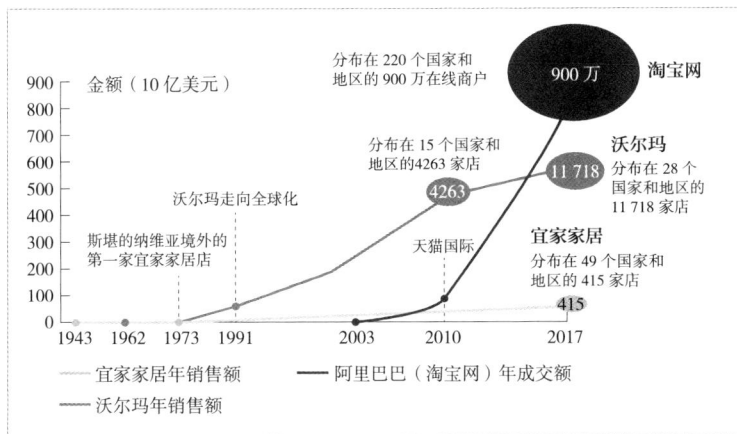

図 2-1　宜家家居、沃尔玛、淘宝网的成长轨迹
资料来源：世界银行集团，《2019 世界发展报告》。

变化一：技术更迭让一切皆有可能

2016 年被高德纳（Gartner）定义为数字的一年，数字业务创新是"新常态"，其中三个趋势非常突出：一是感知智能机器时代来临；二是透明的、身临其境的体验更加优化；三是平台革命正在酝酿。这三个方面的趋势将给决策者带来明显的机会，帮助企业的领导者应对数字业务发展的挑战，为各类组织提供连接新商业生态系统平台的新机遇。相比之下，如图 2-2 所示，高德纳认为 2017 年具有三大趋势：无处不在的人工智能（AI）；透明化、身临其境的体验；
数字化平台。在这三大趋势下，高德纳指出，以下四个技术领域值
得决策者优先关注：

- 商业生态扩展类技术，例如区块链；

- 融合类技术，例如脑‐机接口；

- 商业自动化技术，例如承载货物与服务的商业无人机；

- 安全类技术，例如软件定义安全将带来更加安全的数字化世界。

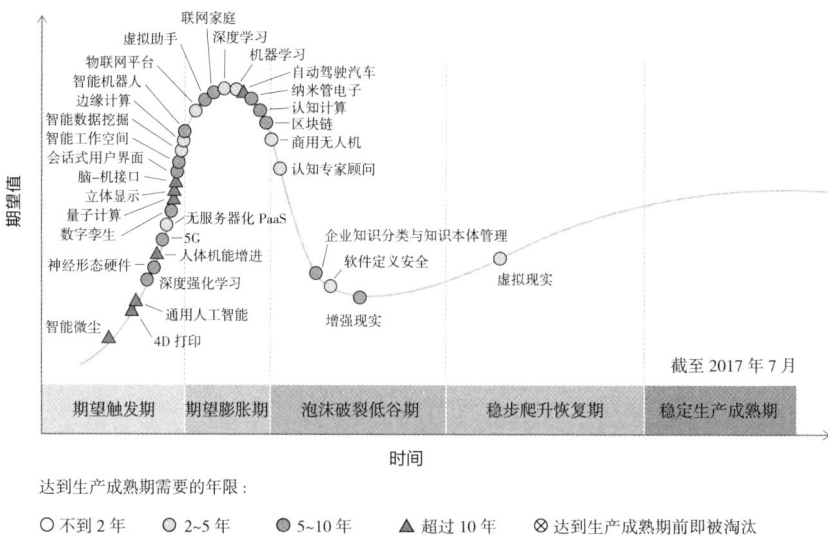

图 2-2　高德纳 2017 前沿技术成熟曲线
资料来源：Gartner，2017 年 7 月。

如果要继续跟踪高德纳年度技术成熟度曲线，就可以从以下四个部
分理解技术更迭带来的变化：一是第一次进入曲线的新兴技术；二

是曲线上位置明显移动的技术；三是曲线上消失的技术；四是技术成为主流的时间预期。

通过这四个部分的变化，我们可以明确地感知变化的速度和数字化技术的渗透程度。所以，专注于技术创新的企业、快速面向数字化的企业，就可以找到自身持续发展的可能性，更重要的是，可以在价值创新、成本重构、业务模式拓展、组织效率改善中获得优势。正如高德纳研究副总裁迈克·J. 沃克（Mike J. Walker）所言，业务和技术领导者将继续面临迅速加快的技术创新，这将给他们与员工队伍的互动方式、与合作伙伴协作的方式以及为客户创造产品和服务的方式带来深远的影响。2020 年高德纳的发展周期报告，通过对 30 项新技术进行研究归纳出五个独特的趋势，其中复合架构（composite architectures）和数字化自我（digital me）值得大家关注，数字化技术的发展在组织与客户之间不断创造新的可能性。

变化二：跨界颠覆，数据有效挖掘和运用

据汽车行业的判断，"如果特斯拉的价格进一步跌破 20 万元，十万亿级的汽车产业将会被颠覆"[1]。特斯拉的出现，无疑打破了人们对汽车的传统认知，也打破了汽车行业的格局。从汽车制造到顾客价值创造，特斯拉所遵循的逻辑与传统汽车业完全不同。

包括特斯拉在内的"新势力"造车派们，不再是一家家汽车制造公

---

[1] 中投顾问，"特斯拉对汽车产业的颠覆之路"。

司，而是一家家智能技术公司；汽车也不再是汽车，而是一款智能电子产品。传统汽车制造公司往往采用以发动机为核心的产品逻辑，而新势力汽车公司则采用以智能交互为核心的产品逻辑。在硬件方面，电池、电机和电控系统将取代传统汽车发动机，基于智能网联和交互需求的传感器、中控屏和芯片将成为汽车的核心零部件；在软件方面，类似于智能手机的集中式架构进化，其优势来自智能系统，而不是硬件系统；在服务和应用场景中，汽车变为一个移动空间，逐渐成为各种服务和应用的入口。这套逻辑让人们发现，汽车的核心技术不再是发动机和底盘，而是芯片、电池和数字技术。

我们可以在另一个领域看到更清晰的答案。2007 年 1 月 9 日，乔布斯发布了第一代 iPhone。那时，乔布斯在发布会上难掩心中的激动，他说："今天，苹果要重新发明手机。"第一代 iPhone 发布后，诺基亚时任 CEO 康培凯却没有意识到这款手机将带来的颠覆，他是这样回应的："苹果不会对诺基亚造成任何影响，因为诺基亚专注做手机很多年了，同时又有满足任何价位和需求的产品线，而苹果仅仅只有一款产品。"

2007 年，诺基亚以 40.5% 的全球手机市场份额高居行业第一，把第二名远远地抛在后面，彼时苹果只有 0.6% 的市场份额，可谓实力悬殊。iPhone 上市后，紧随其后的就是市场给诺基亚的一个残酷打击，2013 年诺基亚黯然谢幕，出售了自己的手机业务，而苹果开启了一个全新的时代，2020 年 3 月，苹果市值高达 1.22 万亿美元。

2017 年年底，芬兰的《赫尔辛基日报》对已经退休的康培凯做了一次采访。当时他使用的是诺基亚还没有发布的 Nokia E7 原型机，在谈到苹果手机时，他说道："我想，我永远不会买 iPhone。"从个体的角度来看，他依然是诺基亚的"死忠粉"，但是，正如那句流行语所戏言的，"毁灭你，与你无关"。

跨界颠覆已经出现在越来越多的行业之中，这也是数字技术带来的一种明显变化，数字技术打破了很多行业的边界。零售业中的沃尔玛与亚马逊采用了两种完全不同的发展模式。虽然沃尔玛在销售规模上依然是全球第一，但是亚马逊是全球仅有的几家市值过万亿美元的公司之一。你很难说亚马逊是家零售公司，也许你必须说它是一家数字智能技术公司。

在出租车行业中，最初出现优步时，大量的传统司机和地方出租车公司选择抵制，但如今，人们已经习惯了这种出行模式。新的出租车模式是一套算法和软件，完全不同于传统的模式。即使是人们所熟悉的餐饮业，也因为美团、饿了么的出现而产生了前所未有的新空间。数字技术带来的新价值组合，的确让人们感受到了行业被重新定义的挑战。

变化三：强强联盟的生态网络，生态圈构建的强链接能力和协同优势

过去几年，我观察到一些企业采用的新发展路径和模式，其中一个就是强强联盟及其带来的协同优势。如图 2-3 所示，阿里巴巴和腾讯作为进入世界最高市值前 10 位的两家中国公司，其共同特征也正在于此。

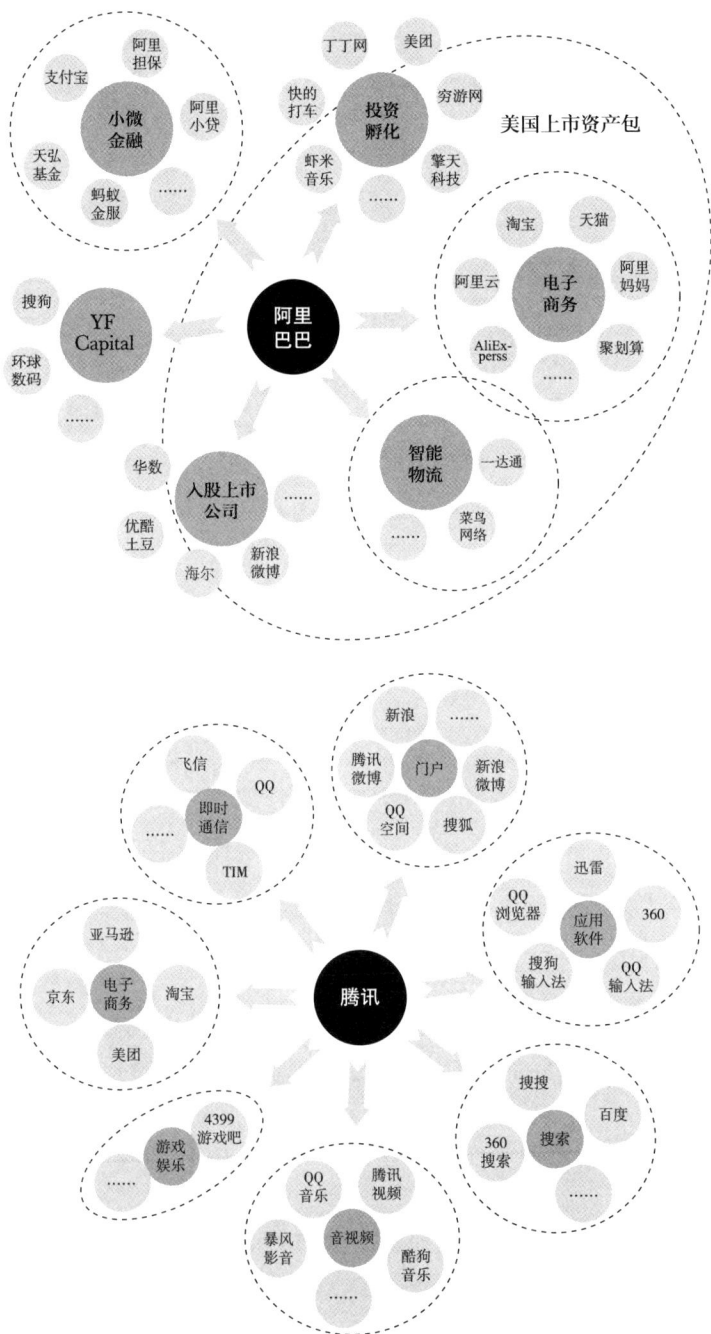

图 2-3　阿里巴巴、腾讯的生态网络

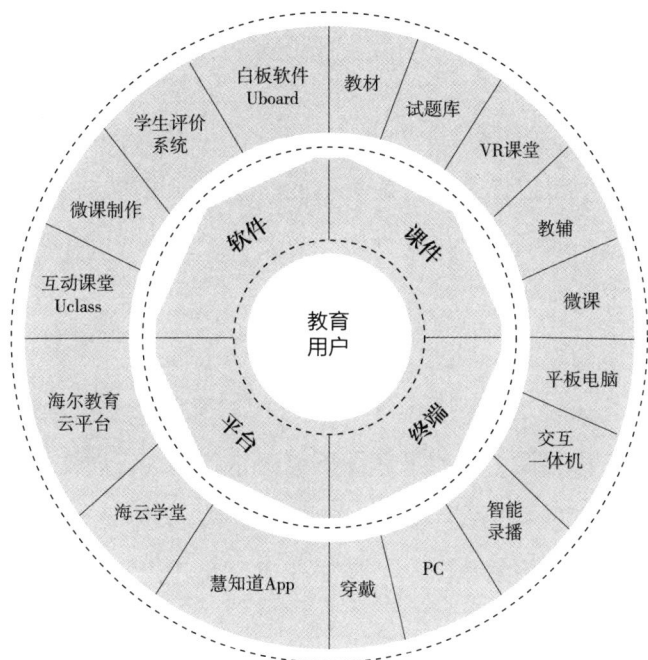

图 2-3　阿里巴巴、腾讯的生态网络（续）

2019 年，腾讯总裁刘炽平说："自 2010 年，腾讯就已经开始实施开放战略，我们用'去中心化'的方式逐渐形成了从'大树'到'森林'的开放生态，我们可以看见，这个开放的生态已经茁壮成长了，将来会释放更多的动能。同时我们也看到，伴随数字化的进程，我们从泛互联网生态发展到数字生态，与实体的产业、线下社会以及人们生活的方方面面更紧密地结合在一起。所以，现在我们需要一个更新迭代的开放战略，不单单用自己的开放来促成生态，更需要用我们已经形成的巨大生态来进一步地开放，这对我们内外都提出了更新、更高的要求……让我们能与一个比腾讯更大、更丰富的生态进行合作。"[1]

同样，阿里巴巴的 CEO 张勇也直言"对阿里巴巴来说，生态意味着高度"，"对阿里巴巴来讲，最关键的是怎样利用生态的力量，不断去学习。当然我们自己也要创新，也要学习业界好的东西，将之与我们的生态融为一体"。

也许你会认为，这两家都是平台型公司，所以会更在意强强联盟，并因此拥有协同优势。如果仔细研究海尔和华为，同样可以看到这两家公司具有的"生态"特征。在海尔总裁周云杰看来，"现在的企业不可以是有围墙的花园，一定要变成一个开放的生态系统，工业互联网也只有成为开放的生态，才会有生命力"。他认为，企业要通过生态赢得未来。[2] 2015 年 11 月，在首届华为开发者大会上，华为宣布将在 5 年内投入 10 亿美元实施"沃土开发者使能计划"（简称"沃土计划"），打造面向开发者伙伴的开发使能平台和联合创新。"今天，各行各业数字化、智能化转型如火如荼，计算产业蓬勃发展。华为坚定不移地投入计算产业，从最难的架构突破做起，自研处理器，以此为基础打造产业，构建生态。"华为副董事长胡厚崑说。

事实上，我们很难再将这些企业界定在某一领域，它们在更广泛的领域创造价值，通过强链接能力和协同优势展开价值创造并获得优势，同样，更多的企业选择在协同与强链接的生态网络中获得发展机会。我常常对企业管理者强调一个观点：如果你知道自己的竞争

[1] 虎嗅 App 官方账号，"腾讯要如何做产业互联网？两个字：生态"。

[2] 消费日报网，"海尔集团总裁周云杰：工业互联网只有成为开放的生态，才会有生命力"。

对手是谁，你基本上将被淘汰；如果你说你与谁合作，你就会有机会。在数字化时代，关键是看你与谁合作，并不是看你比谁更强。

变化四：为满足顾客需求的变化，边界被突破或融合

生产方式的转变推动了社会发展，社会发展又促进了消费社会兴起。我们一直关注生产与消费之间的互动和变化，这些变化决定着生产模式和组织管理模式。在研究生产模式变迁的过程时我发现，驱动变迁的关键影响因素正是顾客需求的变化。综合相关研究，我们把生产与消费之间的变迁过程概括为以下三个阶段。

第一个阶段，从 1911 年弗雷德里克·温斯洛·泰勒（Frederick Winslow Taylor）的《科学管理原理》一书问世到 20 世纪 50 年代末，被定义为"生产变革"阶段。在这一阶段，由生产驱动消费，企业管理特征是生产导向，实现了通过大规模生产带动消费的生产目的，典型的企业模式是"福特制"。福特制以泰勒制为组织基础，以大规模生产消费性商品为特征，其标志性的产品就是 T 型车。到 1929 年 T 型车停产为止，福特共产出 1500 万辆 T 型车，这意味着大规模生产的开始，也意味着生产有能力为大规模消费提供保障。作为一种管理方式的变革，福特制被广泛地应用于汽车生产中。这种生产模式可以降低成本，提高劳动生产效率，也因此能提供价格可以被大众接受的汽车；福特制实现了将大规模生产与大众消费联系在一起的目标，大众消费又促进了经济的发展。

第二个阶段，从 20 世纪 60 年代初到 21 世纪初，被定义为"消费变

革"阶段。在这一阶段，由消费驱动生产，企业管理特征是营销导向，企业实现了通过满足消费需求驱动生产的目的，典型的企业模式是"丰田制"。丰田制保留了福特制的大规模生产的优点，同时也进行了改进。丰田为了满足消费者需求，确立了"理解顾客需求本质"的经营理念，把从顾客需求出发的产品设计、制造、销售以及售后服务的全价值链，按照社会化价值最大化进行组合，构建更高效、廉价的体系。丰田制的核心特征是高质量、低成本地进行生产，并获得产业协同的高效率，最大限度地满足顾客。如果说福特制是用大规模生产推动消费，那么丰田制则是用大规模生产满足消费。福特制和丰田制的不同体现在：福特制是以分工与效率为基础的生产内部一体化，丰田制是以产品品质与成本为基础的生产外部一体化。但是在本质上二者是相同的，生产和消费的边界非常清晰。

第三个阶段，从 21 世纪初开始至今，被定义为"协同变革"阶段。在这一阶段，生产和消费双向驱动，消费者参与价值创造，技术、消费与生产之间的边界变得模糊，二者甚至融合在了一起。此时，企业管理的特征是协同导向，实现了通过生产与消费协同带来个性化价值的目的，典型企业模式是"海尔制"。代表企业有海尔、阿里巴巴、韩都衣舍、亚马逊等。海尔制同样保留了大规模制造的优点，但是完全改变了此前的生产方式。这种生产方式的最大特征是把消费者纳入价值链，使消费需求与生产之间的边界融合。"人单合一"的"人"是指员工；"单"是指用户价值；"合一"是指员工价值实现与所创造的用户价值合一。海尔首席执行官张瑞敏曾说，互联网带来的"零距离"，使企业从以企业为中心转向了以用户为中心，使大规模制造变成大规模定制，这也是协同导向生产方式的核心价值。

因为消费需求的变革，企业不断调整生产模式和管理特征。第一阶段的核心是生产方式变革，即在企业内部通过低成本、高效率地生产产品满足更多人的需求。第二阶段的核心是消费变革驱动生产，企业在低成本、高效率提供更多产品的基础上，能从消费者需求出发整合产业链，达成外部协同效应，以更高的效率满足顾客需求。第三阶段的核心是消费与生产互动，数字技术改变了消费端和生产端，顾客需要参与创造和体验，而要实现顾客这些新需求，企业要具备协同变革的能力，从而实现生产与消费的协同。

变化五：个体价值崛起

最后一个变化是关于人的。如图 2-4 所示，人才在各公司之间的流动非常频繁。人为什么要流动？流动性这么高，恰恰是因为数字化时代的一个最重要的特征就是个体价值崛起。

我在 2015 年为此写过一本书《激活个体》，探讨个体价值崛起带来的组织管理范式改变的问题。伴随着互联网技术的深入发展，组织面对的不确定性挑战需要由组织成员的创造力来解决，正如谷歌（Google）重新定义团队和工作内涵与意义一样，未来组织的关键职能就是让一群创意精英（Smart Creatives）在一起，快速地感知客户需求，愉快地、充满创造力地开发产品、提供服务。什么样的人是创意精英？在谷歌看来，创意精英就是不要你管，只要你营造氛围。传统的管理理念不适用这群人，甚至会适得其反，这群人需要互动、透明、平等。

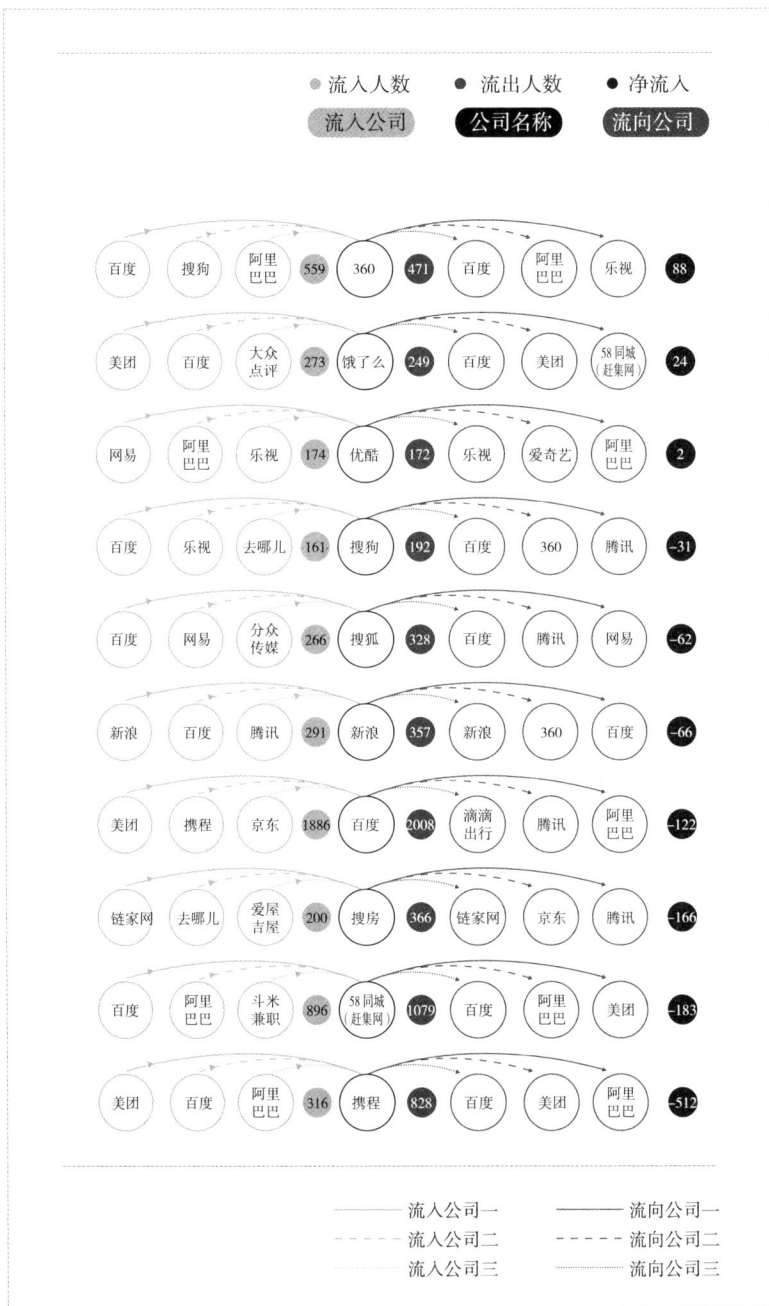

图 2-4 2016 年 20 家著名互联网公司人才迁徙图
资料来源：脉脉数据研究中心。

● 流入人数　　● 流出人数　　● 净流入

流入公司　　公司名称　　流向公司

京东	百度	360	773	乐视	289	百度	腾讯	阿里巴巴	484
百度	美团	腾讯	690	滴滴出行	289	百度	阿里巴巴	网易	401
百度	阿里巴巴	搜狐	393	今日头条	96	腾讯	阿里巴巴	百度	297
百度	网易	腾讯	1185	阿里巴巴	927	腾讯	网易	滴滴出行	258
百度	360	京东	413	小米	185	阿里巴巴	滴滴出行	乐视	228
百度	美团	携程	881	京东	689	百度	乐视	阿里巴巴	192
美团	百度	携程	1005	美团(大众点评)	829	百度	滴滴出行	阿里巴巴	176
百度	美团	腾讯	291	爱奇艺	136	腾讯	阿里巴巴	乐视	155
百度	阿里巴巴	网易	786	腾讯	644	百度	阿里巴巴	滴滴出行	142
阿里巴巴	百度	美团	563	网易	434	阿里巴巴	腾讯	百度	129

————— 流入公司一　　————— 流向公司一
----- 流入公司二　　----- 流向公司二
‥‥‥ 流入公司三　　‥‥‥ 流向公司三

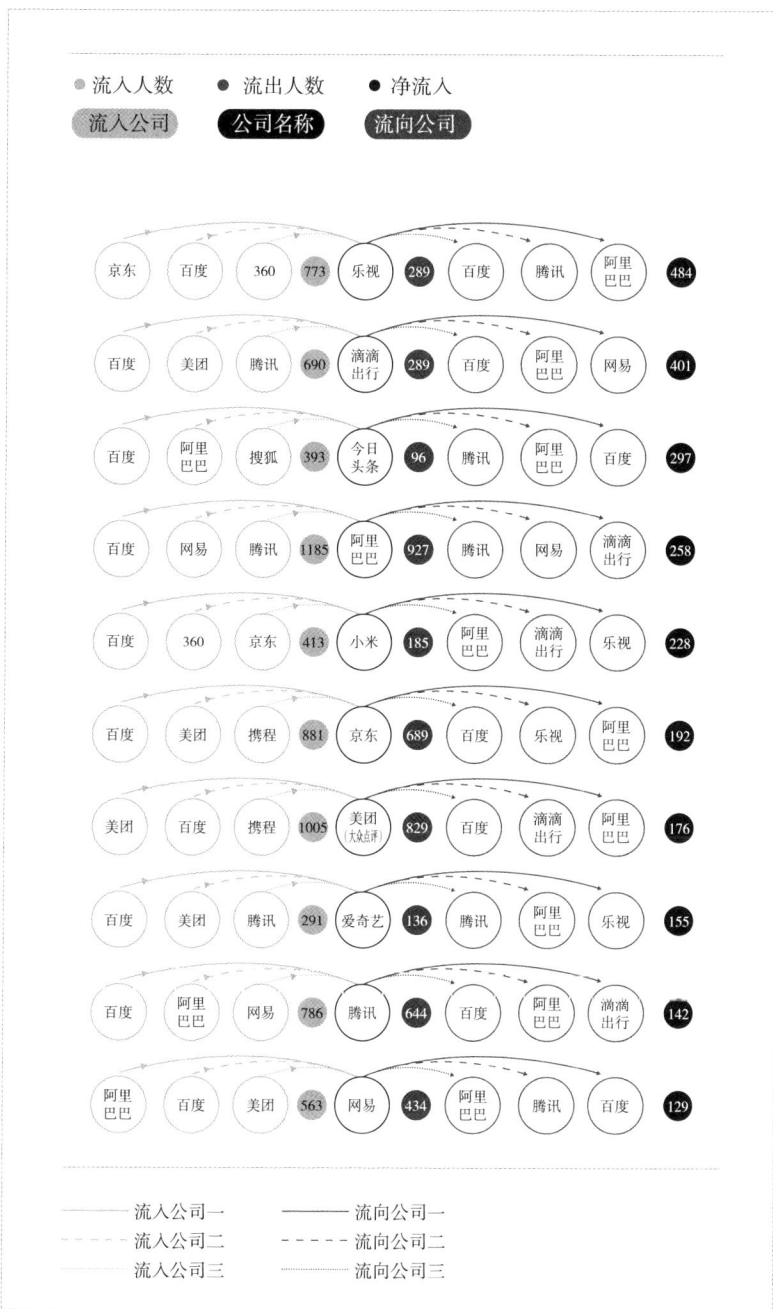

图 2-4　2016 年 20 家著名互联网公司人才迁徙图（续）
资料来源：脉脉数据研究中心。

个体价值崛起对传统组织管理范式提出了挑战，"管理今天的确需要提供新的范式，一种基于共享价值基础的新范式。在我看来，新的管理范式是，具有系统思考的领导者，依赖激发个体内在价值，而不是沿用至今的组织价值，以此考虑整体以及个体的行为。在这种新的范式中，有关个体价值的创造会成为核心，如何设立并创造共享价值的平台，才能让组织拥有开放的属性、为个体营造创新氛围，则成为基本命题"。

我曾经多次向改革开放后的第一代企业家问同一个问题："如果一名员工说，我在你这里工作两年，然后辞职出去玩三年，三年后我再回来，你还收不收我？"这些企业家中的大部分人回答说，自己不太能接受这样的员工。事实上，这也可能是未来年轻人的一种工作方式和生活方式，如果你的答案是不能接受，也许你就招不到年轻人了。年轻人可能不仅仅是在不同公司之间流动，他们还在意生活与工作的平衡，更在意人生中的自我价值获得感。

上述这些变化会改变人与组织的关系、组织与组织的关系、顾客与企业的关系、技术与人的关系，从而直接改变组织管理的逻辑。当这些变化出现时，管理工作要做什么改变？怎样在这些变化中贡献管理的价值？如何重新理解组织价值？这是从事管理工作、管理教育、管理研究的人必须回答的问题。

持续的研究让我对此有了很深的感触。很多管理者在面对数字化带来的变化时之所以会变得焦虑甚至不知所措，正是因为无法理解以上五个方面的变化。如果我们能理解这些变化，就会发现它们也可能是提升组织新能力的机会，是企业发展的新机会。为了真正理解

这些变化对组织的影响，我们需要进一步分析组织面对的挑战到底
是什么。

巨变的组织管理

如上，数字化带来的五个方面变化让我们不得不深思，企业是否做
好了接纳变化的准备。一个非常危险的现象必须被注意，在今天，
很多企业将自己称为生态企业，但是还在沿用工业时代的逻辑，依
然习惯于连续性、可预测性和线性的思维模式。就如 2020 年春天，
新冠肺炎疫情带来的全球停摆，很多企业还是期待用原有模式继续
自己的经营，事实上，这已经绝对不可能了。我们必须接受一个事
实：每个人、每家企业都要面对不确定性，都要面对未知的挑战，
病毒、气候、技术、资源与政策等，更多要素组合在一起会形成复
杂而多变的系统，会带来一个非连续性的、不可预测的客观存在，
这是管理者要面对的问题。

管理者要面对不确定的、非连续的商业世界，就要理解组织管理的
变化是什么，理解组织面对的挑战到底是什么。只有理解了这些变
化，管理者才能接受变化带来的挑战并找到自己的解决之道。

组织管理的四个命题发生改变

我们首先来看看组织管理的核心命题的变化。斯蒂芬・P. 罗宾斯
（Stephen P. Robbins）认为："组织是对完成特定使命的人们的系统
性安排。"按照这个定义，组织管理的核心命题就是如何获得组织与

个人的高绩效。组织管理就是通过发现组织环境来对组织中的人的行为进行管理，从而实现良好的组织绩效，建立高绩效组织，同时促成组织成员的个人目标实现。

让组织运作得更有效，让组织中的个人更有意义，让组织目标得以实现，是组织管理明确的价值。

如果从"组织有效性"的理论出发，可以借助组织有效性的开放系统观点理解组织管理的核心命题。今天所探讨的有关组织绩效的观点也是在此理论基础上进行的拓展。

开放系统观点认为，组织作为一个生存在外部环境下的复杂有机体，需要依赖外部环境，通过从外部环境中获取资源让自己不断拥有可持续性。根据开放系统的观点，我们会关注两个关键问题：第一，组织与环境的关系；第二，组织效率问题。运用开放系统的观点，围绕这两个关键问题，组织管理始终要关注四对关系，回应这四对关系的状态及对彼此的影响，组织管理围绕以下四对关系的变化而展开：

- 个人与目标；
- 个人与组织；
- 组织与环境；
- 组织与变化。

在一个相对稳定、连续的环境中，组织大于环境，组织也能设定一个稳定系统，构建一个属于自己的环境，同时外部环境也相对稳定。在这种稳定的关系环境里，组织管理关注个人与目标、个人与组织的关系。相对于组织来说，个人服从组织，个人目标服从组织目标。换个角度说，组织管理只需更多关注组织内部，解决个人服从组织目标、为组织目标做价值贡献的问题，就可以获得组织高效率。

在相对稳定的环境下，组织管理的四个核心命题的意义如下：

- 组织存在的关键是个人对组织的服务，即对组织目标有所贡献的行为；
- 管理者常常集中精力考虑组织的问题而忽略了组织中的个体；
- 必须正视组织生存的关键影响因素；
- 组织需要具有弹性能力。

但是今天，管理者应对的挑战是环境的巨大变化，变化本身变得更加不可预测、更加复杂和不确定，所以组织无法构建一个稳定环境。因此组织需要有能力去应对不确定的环境，去应对变化；同时，数字技术带来了个体价值崛起，个体与组织的关系也发生了根本性改变。在一个动荡的环境里，组织管理不仅需要处理个人与目标、个人与组织的关系，更重要的是要处理组织与环境、组织与变化的关系，这四对关系都在发生变化（见表 2-1）。

表 2-1　组织管理的四个命题的改变

过去	今天
个人目标服从组织目标	个人目标与组织目标协同共生
个人服从组织	强个体影响组织
组织所处环境相对稳定	组织所处环境不稳定
组织易于适应变化	变化的影响超越组织本身

这些根本性变化需要管理者通过持续的企业实践观察，重新认识组织管理的核心命题的内涵。组织管理的四个命题的内涵的确发生了根本性变化，其主要表现在以下几个方面：

- 个人目标和组织目标之间如果不能协同共生，组织会遇到挑战甚至冲击；
- 个人在新技术的帮助下变成"强个体"；
- 环境是不确定的、动态的，组织无法处在"稳态"中；
- 变化本身对组织绩效的影响有时会超越组织本身，因此组织需要动态适应变化。

从开放系统的观点看，在组织与环境的关系中，外部环境变化显而易见。过去，企业需要关注的是如何满足顾客需求；今天，顾客变了，企业满足顾客需求的实现方式也要随之改变。例如，一家零售店以前思考的重点是如何让顾客到店里来，怎样做出自己的特色；而今天的零售店不能仅仅是一家线下店，还需要有在线的能力，构建社群、采用在线支付以及与物流配送合作，零售店需要变成体验中心，甚至需要加入更多的餐饮项目以吸引消费者。这些调整和变化意味着企业需要有完全不同的业务模式，需要更多的合作、共享、价值共创，组织边界也会发生改变。对组织管理而言，这是外部带来的挑战。

从组织效率问题出发，获得组织高效率需要构建组织资源的高产出以及具备适应环境变化的创新性和创造力，形成更强的组织系统能力。如何才能让组织具有的资源，尤其是让组织本身的部门、工作流程、文化等产出释放更大的价值，相对于组织管理而言，这是内部带来的挑战。

要想应对内外部带来的挑战并成为一个高效组织，组织就要具有新的管理能力，既确保组织目标的实现，又实现强个体价值，还要能动态适应环境的变化，获得新的成长可能性。组织管理需要从传统管理模式转向新型管理模式（见表2-2）。

表 2-2　组织正在发生变化

组织管理	传统	新型
组织结构	金字塔形	网状
人在组织中的作用	通才	专家
组织内部关系	分工	协同
评价	工作投入	工作产出
薪资	岗位	技能
职业发展	组织主导	自我主导
流动性	纵向	多向
特征	固化、稳定	变化、动态
风险	僵化	混乱

传统组织管理与新型组织管理有根本性的不同。传统组织结构是金字塔形的，层级关系决定了个人与组织的关系是服从关系；新型组织结构是网状的，组织变得扁平与多边，这样可以为个人提供更多的关联和机会，层级减少也利于个体成员之间的交流与合作。在传统组织管理中，只有通才才能发挥作用；而在新型组织管理中，拥有不同技能的专家在一起工作，从而创造更大的价值。传统组织的内部是依靠分工来获得组织效率的，但是这也带来了部门墙和组织

内耗；新型组织的内部是协同工作的关系，通过彼此的协同合作产生更快的响应速度，从而获得更高的组织效率。

从工作与绩效评价的维度看，传统组织管理以人的工作投入为评价标准，因此人们更关注工作态度而非工作结果。新型组织管理以人的工作产出为评价标准，让产出更显性化，从而获得高绩效。在传统组织管理中，薪资体系的设计以岗位分析为基准，新型组织管理的薪资以员工的技能为基准，后者更有利于建设高水平的员工队伍。对于组织成员的个人职业发展而言，传统组织管理更注重组织的主导性，组织成员的职业变化与升迁是由组织决定的；但是在新型组织管理中，组织成员拥有规划自己职业生涯的权利与机会。今天，更多的组织开始采用内部激活机制，给员工以选择不同发展路径的权利，因此组织内部也形成了在传统组织中的纵向发展的路径以及在新型组织中的多向发展的路径。

综合以上差异和变化，不难看出，传统组织的特征是结构固化、角色固化、拥有相对稳定的组织环境；而新型组织的特征是持续变化、打破平衡、具有更多可能性、拥有动态的组织环境。二者有着不同的风险，传统组织管理的风险主要体现在僵化、固化上，这会导致所谓的"大企业病"，组织内部成员依赖性强，不愿意改变。新型组织管理的风险则体现在混乱以及由此带来的组织成员的安全感缺失上，这可能会导致组织内部出现焦虑与压力，并因此失控，甚至影响组织绩效的获得。

如果外部环境是相对稳定的，传统组织管理的稳定性有利于组织绩效的获得。然而今天的外部环境不再稳定，不确定性成为常态，强个体的出现也对组织管理提出了新的要求，因此打造新的组织管理是必选之路。

组织中人力资源管理的价值发生改变

从组织效率的视角看，伴随着组织正在发生的变化，组织如何应对环境的不确定性成为管理的核心命题。组织所发生的这些变化，使组织中的人力资源管理价值也随之发生改变。对员工来说，在新型组织中，员工对岗位角色和自我成长的认识、个人晋升模式、人才流动方式等都与传统组织完全不同。对组织本身来说，在网状与扁平化的组织结构中，如何实现员工升迁与发展、事业平台与个体价值之间的融合，如何平衡动态组织环境与员工之间的契约关系，如何解决固化的角色设计与柔性化管理特征及边界融合之间的问题，如何生成产出评价机制以及新的激励机制设计，更重要的是如何让员工和组织都具有创造力并能面向未来，这些都是今天的人力资源管理需要面对的问题。

海底捞认为，员工努力程度、顾客的满意程度是其管理核心，所以在组织管理系统中，海底捞将持续为公司战略发展匹配合格的店长称为组织管理主线。为了实现公司战略，海底捞确定了计件工资制和师徒制，计件工资制帮助员工与顾客建立关系，师徒制则平衡店长与公司战略发展的关系。海底捞凭借这套系统获得了健康发展，目前在全球有 1000 多家门店且运行良好，顾客满意度很高；超过10 万名员工努力工作，用双手改变了自己的命运。

从组织与环境的关系视角看，企业战略本身确定了企业如何理解环境并做出选择。人力资源管理的价值在于，如何支撑战略实现，支撑企业战略动态适应环境，持续创造价值以驾驭不确定性。所以，今天对人力资源的要求发生了改变，即人力资源管理与战略管理必须高度契合。

对人力资源管理提出的这一要求，是源于数字化时代战略本身发展的变化。在工业时代，企业拥有核心竞争力，在战略上具有优势的企业本身就具有优势。但是，数字技术迫使企业在变化和加速变化中获得发展的机会，这导致企业很难具有明确而稳定的优势，当下所具有的核心竞争力有可能因为跟不上环境的变化，成为企业发展的桎梏。

在持续变化与发展的环境下，各个行业的竞争壁垒都可能被挑战、被打破甚至被颠覆，零售业的变迁就是一个极好的佐证。百货商店作为一种业态，在出现时带来了零售革命，随后超级市场、购物中心、连锁业态、仓储式等一系列新的销售业态出现；随着技术的变化，电子商务出现，接着基于互联网与数字技术的淘宝网、京东、美团、拼多多等新型零售企业涌现，2020 年又创新地出现了直播带货模式。这一系列的变化不断打破行业壁垒，不断为顾客创新价值，伴随而至的是，一些曾经辉煌的企业黯然落幕，一些新的企业蓬勃兴起。现实让人们明白，任何一家企业依赖原有的核心竞争力，都无法确保自己走入下一个新业态。

让企业战略跟上时代变化是永恒的课题。随着数字技术的深入发展、变化的速度加快，制定适应变化的战略并高效实现战略显得更为重要。这意味着人力资源必须和战略高度契合。也就是说，人力资源不能只是一个独立的职能部门，其本身也是战略构成的一部分。

人力资源在战略中所要发挥的作用不能局限于人力资源的专业职能，而要体现在战略实现的各个方面。例如，人力资源管理通过阐明业绩期望与企业未来发展之间的关系，帮助组织成员在实现业绩目标的同时，关注企业面向未来资源与能力打造；又如，在涉及经营目标时，人力资源管理可以通过组织变革，帮助组织成员明确价值观与指导原则，从而确保在价值观的指导下实现经营目标；再如，进行战略管理需要理解外部环境并寻求机遇，人力资源管理可以通过组织学习发展，确保组织成员创造性地理解公司目标和优势，理解外部环境变化并把握机遇；人力资源管理不断激活组织与人的价值创造的过程，也就是不断推动战略实现与发展的过程。

今天的企业战略是一个面对环境持续变化的动态选择，同时也是一个共生态价值创造的过程。人力资源管理与战略的高度契合，对人力资源提出了新的要求，尤其需要组织成员的技能、行为与文化满足支撑企业发展的战略选择。

人力资源管理与战略高度契合的最集中的表现是人力资源部门功能与角色的变化，这需要借助人力资源管理的多重角色模型加以说明（见图 2-5 ）。

在组织管理过程中，人力资源管理具有不同的角色：从流程与面向未来 / 战略的维度看，要承担管理战略人力资源的角色；从人与面

向未来 / 战略的维度看，要承担推动企业管理转型和推动变化的角色；从流程与面向日常 / 操作性工作的维度看，要承担管理组织机制机构的角色；从人与面向日常 / 操作性工作的维度看，要承担管理员工贡献程度的角色。

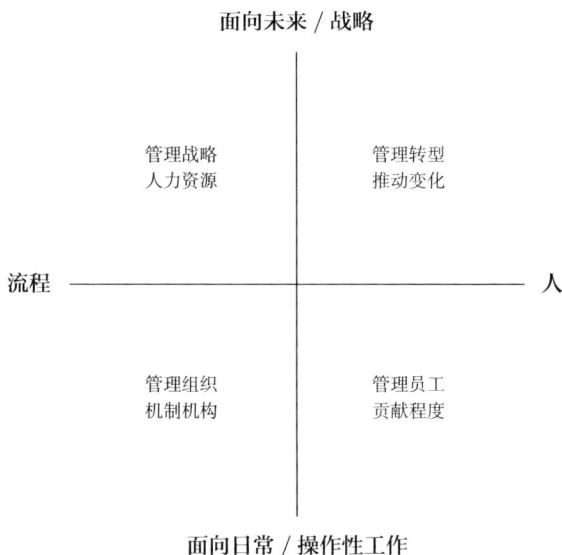

面向未来 / 战略

管理战略
人力资源

管理转型
推动变化

流程 ──────────────── **人**

管理组织
机制机构

管理员工
贡献程度

面向日常 / 操作性工作

图 2-5　人力资源管理的多重角色模型

在这四种角色中，人力资源管理承担的管理战略人力资源的角色与管理转型和推动变化的角色，分别被人们形象化地比喻为"战略伙伴"和"变化的助推剂"，其核心作用是把人力资源和战略结合起来，保证组织和成员具有随机应变的能力。

今天的企业战略规划不仅仅是战略规划本身，更是人力资源规划，其关注的是围绕战略规划，预测人力资源需求、知识系统、成员活力与动态流动等，根据人员及能力的实际差距，做出有效的人力资源规划。

由此，我们就可以理解人力资源管理发生的一些根本性变化：人力资源管理是公司战略的重要部分，需要关注业绩与动态环境挂钩；在考核领域，需要关注价值创造驱动而非绩效考核驱动；人力资源部门不仅仅是一个职能专业部门，更要成为公司其他部门的"咨询顾问"；在赋能员工学习与成长的同时，还需要关注员工幸福感。

组织价值共生的三个关键词

数字化为组织与人力资源管理带来了根本性变化，这意味着管理者需要关注"组织价值重构"这一概念。亚马逊针对自己的经营创造了"飞轮效应"理论（见图 2-6）。在飞轮效应理论的支撑下，亚马逊如飞轮一般持续转动，持续为顾客和供应商提供增长的价值，用数字技术让这二者共生在自己的平台上，吸引更多的顾客和供应商加入，让顾客得到可持续循环的价值。飞轮效应让亚马逊成为全球市值最高的公司之一。

亚马逊开拓了自己的数字化生存之道。通过数字化，亚马逊与其客户，包括消费者和供应商，一起创造了美好生活并获得了面向未来的能力。在美国，几乎所有零售企业都会被投资人和媒体问一个问题：面对亚马逊的挑战，你有什么对策？

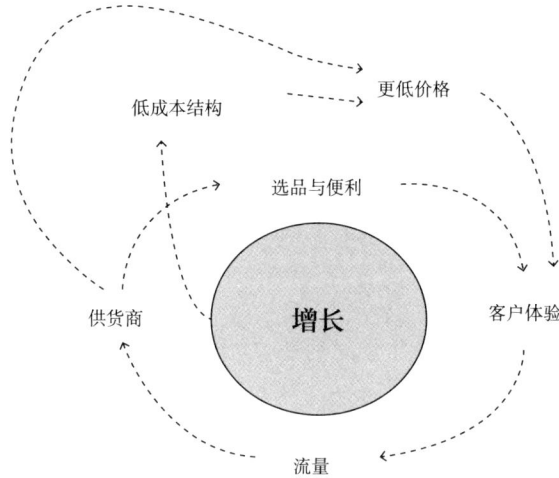

图 2-6 亚马逊的"飞轮效应"

事实上，数字化是传统行业焕发新可能性的媒介。有人对传统零售业十分悲观，我反而认为现在是传统零售业重新焕发青春的最佳时期。一家零售企业如果能抓住数字化生存的机会，就有能力组合供应商，直接对接消费者，获得新的消费场景，进而获得实现新成长的可能性。数字化使企业拥有更广泛的消费者市场，拥有更大的供应商群体，前店后厂融合共生为一个新的场景，而这一场景完全在你的手上。看看"双 11"时的直播带货，你会感到价值被重新唤醒而带来的巨大效应。

数字化生存意味着价值重构，意味着企业与顾客之间、与合作伙伴之间共生出新的价值。围绕新价值重生，我们必须找到组织管理的答案，使企业组织能支撑企业实现价值共生。谷歌说：让搜索通往答案本身。当谷歌实现组合图像识别时，人们发现搜索引擎已经可以进行智能的思考，搜索结果正是其通过与顾客的智慧互动得出的。

虽然人们会以不同的概念描述阿里巴巴、腾讯、京东、金蝶、华为等这些走在数字化时代前列的公司，但是这些公司都有一个共同的特征：它们将会是数字型的公司。

是的，它们的确是数字型的公司。如果围绕这一概念展开讨论，那么我们就能看到，今天最大的变化是对领导者和组织提出的挑战，这一变化要求领导者、组织必须因应数字化生存方式而做出改变。这是一个非常痛苦的挑战，管理者会遭遇如下经历：要挑战自己的思维方式，放弃原有的经验，甚至是放弃那些已经被证明成功的经验。

我之所以说这是一个痛苦的经历，是因为这一过程需要你向自己发起挑战。从对这些数字型公司的分析中，我们会发现其思维模式完全是以重构的方式展开的。重构的最大挑战是什么？是放弃自己原有的习惯，这也是最难的部分。我在研究组织文化时得出一个结论：组织文化中最难的不是接受新观念，而是放弃旧观念，不放弃旧观念就无法接受新观念。

为激活组织所做的七项改变工作，其中一项工作是领导者角色的改变。领导者自己是否真的愿意放手，改变自己？比如，作为一种被很多企业组织选择的模式，合伙人制如今也被很多传统企业探讨。有一次，一个老板带着团队成员来和我交流，很高兴地告诉我，他也按照我所提倡的激活组织方式改造了自己的企业并设立了合伙人制。但是，在深入交流后，我告诉他，他没有真正实施合伙人制。我问了他一个问题："如果这家公司内部意见不统一，如何解决？"老板说"当然是我说了算"，而其他组织成员都不说话。这家公司在形式上设立了合伙人制，事实上依然是老板一个人说了算，原因是老板已经习惯了。这就是今天领导者面对的最大挑战，愿不愿意成为组织中的成员，而不是其中的领导者。

除了领导者的挑战，因为人们的选择不再局限于一家企业、一个城市或一个行业，人们更愿意尝试新的工作机会、新组织、新行业以及新生活的挑战。这些改变的直接结果是，企业员工的忠诚度下降。面对这种情况，管理者需要理解组织成员自身的需求特征，需要有能力留住员工，提升组织凝聚力，获得员工对组织的认同，这也是组织管理要面对的另一个重要挑战。

今天的组织需要意识到，无论这种变革是以数字技术为标志，还是以不确定性为标志，变革已经是事实。数据、信息和知识变成个人、社会与经济的主要资源，土地、劳动力和资本等已经被认定的生产要素依然在起作用，但不再是核心要素。知识拥有者让这些传统生产要素转移、聚合和重组，从而产生完全不同的价值。

过去 10 年，数字化不断推进组织发展和组织成长，组织发展所需要的全新能力令人振奋，这也是我们关注数字化生存背景下的组织管理这一命题的原因。

一些企业能在数字化生存中找到属于自己的新的成长机会是源于两

方面的努力：一方面，通过数字技术，企业实现了与顾客之间的互动和发展；另一方面，因为组织体系能力适应数字化生存的要求，组织自我改变的速度加快。

研究发现，在数字化生存背景下，一家企业的发展如果没有达到预期效果，并不是因为其对数字化市场或数字技术没有认知，也不是因为其不了解今天对企业战略的要求，更不是因为数字技术带来的挑战和压力。这一切对于今天的企业而言，都不再是陌生的课题，相反我们都沉浸其中。一家企业的发展没有达到预期效果的核心原因是组织的能力、组织发展本身无法匹配这些变化。数字技术对组织的功能角色、发展路径等都提出了与过去完全不同的要求。下面我向大家详细介绍数字化时代的组织价值重构的三个关键词：赋能、共生、协同。

关键词之一：赋能

工业时代的企业实践显示，在高绩效组织中，管控的确对提高绩效发挥了积极的作用。组织管控，要求每个组织成员安于自己的角色、发挥自己的职责功能，把组织流程、组织体系建立起来并加以固化，这些稳定性的安排可以帮助组织获得绩效，管控也因此成为组织管理的关键要素。但是，需要注意的是，这一切都有一个明确的前提条件，即在一个相对稳定的环境下。换句话说，管控只有在稳定的环境下才是组织获得高绩效的关键要素。

数字化时代出现了两种情形，一种情形是环境处在不确定性之中，所以企业要面对的是一个动态变化的环境。在动态变化的环境中，企业只有拥有应对动态变化的能力，才能持续经营和发展。如果企业的组织流程、角色被固化，功能分割被固定，管理者就会发现，自己没有办法动态组合组织管理要素以应对外部变化。在动态的环境下，管控反而成了影响组织绩效提高的限制因素。此时，组织管理就需要新的功能。

另一种情形是强个体的出现。强个体有创造力，善于运用数字技术，对于一个需要应对动态环境的组织而言，这些具有创造力的强个体是不可或缺的组织成员，因此组织需要拥有发挥强个体作用的能力。如果企业想发挥强个体的作用，就要明白管控显然是不被强个体接受的。如果组织不能赋能强个体，而仅仅是对其进行管控，强个体或优秀者就会流失。

所以，由观察可以得出，在数字化时代，企业的组织管理的好坏，主要依赖强个体或优秀者与组织的关系状态。如果这些强个体愿意与企业组织组合在一起，且能得到发展的机会，同时又不断有优秀者加盟，那么这就是优秀的组织管理。如果强个体或优秀者纷纷离开这个组织，或者即使留在组织中也得不到发展的机会，同时也没有新的强个体或优秀者加盟，那就说明这不是优秀的组织管理。

"赋能场景高低"可以被用来描述上述组织管理状态。"赋能场景高的组织"呈现好的组织管理的特征，强个体涌入组织，优秀者与组织共同成长。"赋能场景低的组织"呈现拙劣的组织管理的特征，优秀者离开，强个体不选择加盟。在今天的组织管理中，组织价值重构的第一个关键就是"由管控转向赋能"。

关键词之二：共生

数字技术带来的无限链接使今天的企业无法独立创造价值，而需要与更多组织、更多系统以及更广泛的外部环境构建共生、创造价值，从中找到自己新的成长空间，获得新发展的可能性。新成长空间和新发展的可能性需要组织有能力与其他组织成员合作协同，而不是竞争对立。

这个变化首先体现在企业的战略逻辑中。根据有关数字化对战略影响的专题研究，行业领先企业的战略逻辑发生了根本性变化：从竞争逻辑转向共生逻辑。这些领先企业之所以能发展迅速、增长强劲，关键是因为其构建了共生价值网络，与价值伙伴成员共生、共创、共享价值。

乔布斯说："苹果生活在一个生态系统中，在这个生态系统中需要相互帮助。"他也是这样构建苹果的发展战略的。令比尔·盖茨爱不释手的一本书——《我包罗万象》，以"微生物之眼"重新认识生命体之间的共生关系。腾讯首席执行官马化腾在"2017腾讯全球合作伙伴大会"开幕之前发表了致合作伙伴的公开信，呼吁从"窄平台"向"宽平台"转变，也就是从零和博弈转向共赢共生，形成一个"数字生态共同体"。这些领先企业的领导者都遵循一个共同的方向：共生创造价值。

关键词之三：协同

在数字化生存背景下，为获得较高的组织效率，组织必须完成的最根本的转变就是由分工到协同。组织无法独立面对动态环境带来的复杂性、多变性以及不可预测性，需要协同更多的内外部成员，才能找到解决方案。

组织管理需要关注数字技术带来的三个变化：一是效率不再源于分工，而是源于协同；二是激励创新，而非绩效考核；三是需要全新文化，强调互为主体、共创共生。这三个变化背后的逻辑就是协同效率。讨论今天组织发展的问题，就是看企业能否实现更大范围的协同，能否进行更大规模的合作，能否真正地与更多成员组合并创造价值。

协同工作既要求企业内部打破部门墙，也要求企业外部打开边界，与更多成员合作，这样做的企业比其他企业拥有更高的来自内外部的协同效率，即实现了整体效率最大化。

综上所述，在数字化生存背景下，组织管理者至少需要理解这三个关键词：赋能、共生、协同。对应这三个关键词，组织需要重构自己的价值，以实现组织的价值共生，这也是本书的核心内容，后续章节将据此展开。

VALUE

SYMBIOSIS

Organization Management
in the Digital Age

当我们超越自身极限，借助一块抛光的曲面玻璃去感知仅凭肉眼无法看到的世界时，原本简单而美好的世界顿时改变了。

——伊恩·斯图尔特（Ian Stewart）

第二部分

新个体

第三章
个体价值崛起

组织中的个体能力发展以及与组织发展的匹配程度是组织获得高绩效的基础。实践表明，个体能力发展速度超越组织发展速度时，优秀者会离开组织；组织发展速度超越组织中个体能力发展速度时，也就是组织成员的发展跟不上组织的发展速度时，组织成员将不得不面对被淘汰的现实。

这两种情况的存在都源于个体发展与组织发展匹配度不高。事实上，个体与组织都需要不断适应彼此的发展并尽可能协同一致，这就要求企业管理者必须关注个体发展与组织发展的平衡问题。

数字化给个体与组织匹配问题带来了一些变化：第一，与组织协同的个体因素发生了改变；第二，个体与组织动态匹配有了新内涵；第三，由于个体价值的唤醒与技术赋能，个体发展速度加快。

这些变化对管理者平衡个体与组织的匹配度提出了完全不同的挑战。个体需要与时俱进，跟上时代步伐，因此对个体而言，拥有创造力、与组织动态匹配成为关键；组织需要形成动态适应能力，因此对组织而言，驾驭新个体成为关键。环境带来的这些改变，让个体发展与组织的匹配度变得更加动态，也更具挑战性。因此，个体价值崛起对组织关系的影响尤其值得注意，这也是接下来重点讨论的问题。

与组织协同的个体因素

在一个组织化的社会中，个体胜任的社会角色主要是通过在组织中的角色呈现的。有时，即使是同一个个体，由于在不同的组织系统中所承担的角色不同，其在社会中的作用也会不同，由此可见，个体充当的社会角色主要是指在一个组织中的角色，即作为组织成员的角色。

因此，理解个体需要从个体所承担的组织角色展开。熟悉组织行为学的朋友会了解，组织行为学的一个重要目的是创造组织和组织成员均可获益的双赢局面。虽然人是很复杂的，但是组织视角可以降低复杂性，以个体在组织中的角色来理解影响其承担责任、实现绩效的不同行为组合，从而找到最关键的特征因素，即寻求组织成员职业成长与个体因素之间的匹配。正如很多学者研究的结果，这不仅是知识、技能与工作需求之间的匹配，更是协调包括个性、能力和认知等内在因素的一个复杂过程。

下面就对个性、能力和认知这三个因素展开讨论。

个性

个性（specific character），也被国外的许多学者称为人格，是一个包含了先天禀赋、后天教养、性情特质、人对情境的知觉等交互作用以及社会化过程的自我概念。个性有着极复杂的结构，需求、动机、价值观、性格、兴趣、环境以及一些不可知的影响因素都会对其产生作用。一方面，无论受到何种外部因素影响，先天禀赋方面的遗传因素几乎都可以稳定存在；另一方面，后天教养方面的个性特征会因为外部变化而发展出完全不同的特点。研究表明，环境对个性形成会产生极大的影响。

很多行为学家相信，环境对个性形成的影响远大于遗传因素对个性形成的影响。与个体相关的人、组织、外部变化等环境因素都对个性有极大影响，接受这种贯穿个体一生的连续影响的过程也就是个体社会化过程。在这一持续完成的社会化过程中，个体的人格特质也就形成了。

所谓人格特质，是指一个人行为中重复发生的规律性和趋势。中西方学者对人格特质都有着极为深入的研究，其中戈登·奥尔波特（Gordon Allport）等人以及雷蒙德·卡特尔（Raymond Cattell）等学者曾通过词汇学的相关分析方法，不断归类精简，在人格描述模式上达成初步共识，发现大约运用五项维度可以涵盖人格描述的所有方面，并且能较好地预测工作中的绩效，这五项人格维度被称为"大五"（big five）或五因素模型（five-factor model，FFM）。

如图 3-1 所示，这五项维度分别是外倾性、随和性、公正严谨性、情绪稳定性和经验开放性，每项维度还包含一系列潜在特质。同时，被普遍认同的五项维度分别反映了人格的一般内外心理倾向（外倾性）、社交倾向（随和性）、对规则认同与遵循倾向即责任心（公正严谨性）、情绪反应性（情绪稳定性）和智能倾向（经验开放性）。

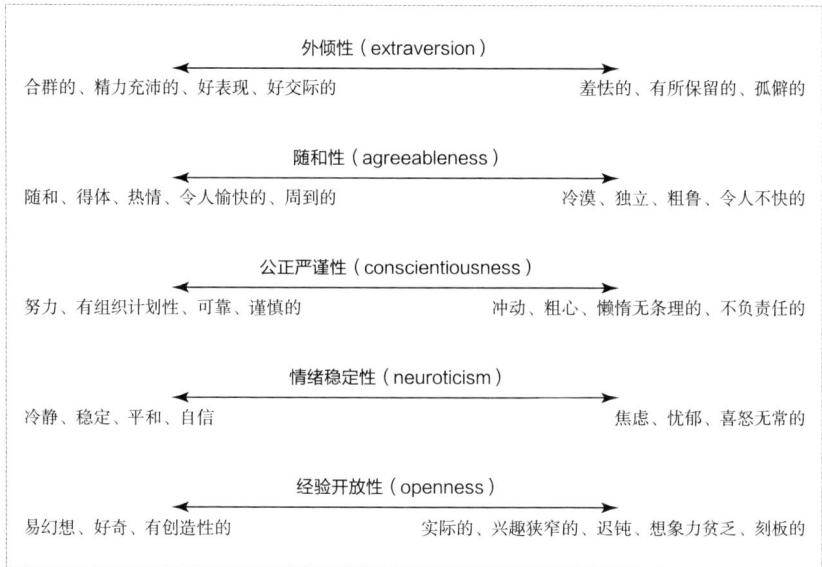

外倾性（extraversion）

合群的、精力充沛的、好表现、好交际的　　　　　　　　羞怯的、有所保留的、孤僻的

随和性（agreeableness）

随和、得体、热情、令人愉快的、周到的　　　　　　　　冷漠、独立、粗鲁、令人不快的

公正严谨性（conscientiousness）

努力、有组织计划性、可靠、谨慎的　　　　　　　　冲动、粗心、懒惰无条理的、不负责任的

情绪稳定性（neuroticism）

冷静、稳定、平和、自信　　　　　　　　　　　　焦虑、忧郁、喜怒无常的

经验开放性（openness）

易幻想、好奇、有创造性的　　　　　　实际的、兴趣狭窄的、迟钝、想象力贫乏、刻板的

图 3-1　五因素模型

五因素模型被广泛应用在职业发展与工作绩效管理中。研究表明，外倾性和开放性是职业心理与工业心理的两个重要相关因素。观察发现，与工作绩效最密切相关的特质是公正严谨性和情绪稳定性。例如，内向、负责的员工很少缺勤。有学者对青少年进行的研究发现，"高开放性和责任心重的青少年具有优秀的学习成绩，而低社交

性和责任心轻的青少年有较多的不良行为。低社交性、责任心轻的青少年，常发生与外界冲突的行为问题；情绪不够稳定、责任心轻的青少年经常表现出由内心冲突引起的各种问题"。

在实际工作和生活中，人们还发现不同文化对人格特质会产生不同的影响。关于中国传统文化的影响是如何体现在人格特质中的这一问题，中国学者做了深入研究，其中王登峰等人对中国人人格结构的系统研究最具代表性。这项研究发现，中国人的完整人格结构由七个因素构成，其主要内容如表 3-1 所示。

表 3-1　中国人和美国人的人格维度

中国人		美国人	
人格维度	小因素	人格维度	分层含义
1. 外向性	活跃、合群、乐观	1. 外倾性	热情、合群 - 爱交际、自信、活动性、追求兴奋、积极情绪
2. 人际关系	利他、诚信、重感情	2. 随和性	信任、诚实 - 坦诚、利他、顺从、谦逊、质朴、温和 - 亲切
3. 处事风格	严谨、自制、沉稳	3. 公正严谨性	能力、守秩序、负责任、追求成功、自我控制、严谨 - 深思熟虑
4. 才干	决断、坚韧、机敏	4. 情绪稳定性	焦虑、愤怒 - 敌意、抑郁、自我意识、冲动、脆弱 - 敏感
5. 情绪性	耐性、爽直	5. 经验开放性	幻想、爱美 - 有美感、情感丰富、行动、观念、价值
6. 善良	宽厚、热情	——	
7. 处世态度	自信、淡泊		

今天，数字技术对五因素模型中的五项维度都产生了不同程度的影响，比如内外心理倾向受到数字技术的影响，边界完全不一样了，内倾的表现形式也可能伴随着外倾的特征；随和性受到冲击产生了两种完全不同的社交属性；个体的责任感知以及组织、社会的责任感知也发生了一些根本改变，其中最核心的改变是世界观与价值观的变化；情绪稳定性同样受到冲击，数字技术让个体处在无限链接之中，保持个体的独立稳定变得更加不容易；对个体的经验开放性要求达到了前所未有的高度；而智能化本身就是数字化生存环境的特征，如果不具备该方面的个性特质，也许就会被环境淘汰。

能力

有时，具有优秀个性特征的成员并未取得与其特质相匹配的工作绩效，导致这种情形的原因是，其体现的是组织行为而不是个性特征，这就是我们研究能力（ability）要素的原因。个体在组织中的行为直接构成组织绩效本身，我们称为履职行为。因此，管理者要特别关注组织成员在组织中的行为，而不是仅仅关注其个性特征。

组织中的行为与个人能力关系密切，能力不同的个人在组织中驾驭困难和实现绩效的结果不同。能力反映了个体现有的、能完成给定要求的不同任务的技能。普遍认为，能力包括两大类内容：体质能力和心理能力。下面为大家做简单介绍。

体质能力　专家调查了数百种不同工作的要求，归纳出工作中需要以下九项基本体质能力。

- 动态力量：在一段时间内重复或持续运用肌肉力量的能力。
- 躯干力量：运用躯干部肌肉尤其是腹肌达到一定肌肉强度的能力。
- 静态力量：产生阻止外部物体力量的能力。
- 爆发力：在一项或一系列爆发活动中产生最大能量的能力。
- 广度灵活性：尽可能远地移动躯干和背部肌肉的能力。
- 动态灵活性：进行快速、重复的关节活动的能力。
- 躯体协调性：躯体不同部分同时进行活动时相互协调的能力。
- 平稳性：受到外力威胁时，依然保持躯体平衡的能力。
- 耐力：当需要延长努力时间时，保持最高持续性的能力。

心理能力　一般把心理能力理解为完成某种活动的个性心理特征，是个体中固定的、概括化的心理活动系统。人们在通常意义上说的能力主要是指心理能力，本书也将心理能力简称能力。

能力构成因素研究被称为"能力结构理论"，如表 3-2 所示的 10 种能力就构成了人们通常所说的智力（intelligence）。

表 3-2　心智能力的结构

心智能力	描述
1. 适应性和封闭速度	在心里保持一个特别视觉构像的能力
2. 流畅性	产生字词、思想和言语表达的能力
3. 因果感应	形成和验证假设、发现相互关系的能力
4. 联想记忆	记住并能回忆不相关材料的能力
5. 记忆广度	在呈现一系列项目后立即正确地回忆出该系列项目的能力
6. 数字能力	能快速对数字进行算术运算的能力
7. 知觉速度	发现图案、做出比较、进行简单视觉加工的速度
8. 逻辑推理	根据已知条件推导出其结果的能力

(续)

心智能力	描 述
9. 空间方向和视觉化	觉知空间形式且操纵或变换空间形式的表象的能力
10. 语言理解	掌握字词知识及其含义且能应用这些知识

需要特别说明的是,一些研究认为体质能力主要体现在与体力相关的工作中,但我并不完全同意这一观点,而倾向于认为体质能力通过心理能力的稳定性表现出来,正是因为这一点,我才认同将心理能力称为能力。有关这一部分,每个人都可以有自己的看法和经验,此处不再做详尽分析。我更关注的是数字技术对个体能力产生的影响。数字技术在更广泛的意义上拓展了个体的能力空间,尤其是智能化带来的深度互动所形成的个体能力拓展,产生出很多在传统经验中从未有过的能力模式。我们可以想象,随着数字化、智能化的发展,能力的发展会更加深入。

认知

受建构主义(constructivism,也作结构主义)的影响,我学习并理解了认知(cognition)结构的基础。在建构主义的框架里,认知发展受三个过程的影响:同化、顺应和平衡。同化(assimilation)是指个体感受外部环境刺激时,会把这部分刺激纳入自己原有的思维模式中,使其成为自身的一部分。顺应(accommodation)又称调节,是指调节自己内在的思维模式,以适应外部环境刺激的过程;顺应能力让人们可以动态应对变化与冲击,从而获得发展。平衡(equilibration)是指通过自我调节机制,实现思维模式从一个平衡状态向另一个平衡状态的过渡。借助这三个过程，人们与外部环境相互作用，逐步建构起关于外部世界的知识，从而发展出自己的认知结构。

人们通过与外部环境的同化与顺应的相互作用达到平衡的状态，也由此构建起了自己的思维模式。当环境发生变化时，人们会调整自己的思维模式，寻找与环境的新的平衡状态，达到新的认知水平。人们的认知水平在"平衡—不平衡—新的平衡"这一循环中被不断丰富、提高和发展。

在数字化生存背景下，人们需要重新构建自己的认知结构。沿用已有的思维模式和认知框架无法帮助人们与数字化环境达成认知平衡。被称为"数字原住民"的年轻一代之所以能很好地驾驭数字技术并创造出全新的可能性，正是因为他们凭借与数字环境的同化与顺应作用，达到了与数字环境的平衡状态。一些人之所以会陷入焦虑与无所适从，正是因为他们依然习惯于用工业时代的经验和认知模式来面对数字环境，无法与数字环境达成认知平衡。

我们已经了解个性、能力和认知是个人与组织协同中的主要个体因素，这三个主要个体因素在数字化生存背景下都发生了一些变化，且其中一些是根本性变化。这些变化让我们不得不审视个体与组织匹配的一些最主要的概念：自我效能感、胜任力、心理契约。

高自我效能感

下面我将引用一份报告——《腾讯 00 后研究报告》，该报告基于腾讯社交大数据并结合了部分"00 后"网络日记、深度访谈及调查问卷综合得出判断。在这些判断中，"00 后"更懂自己，非常现实却也十分包容，具备更鲜明的个性、更强的适应能力，更关注个人的平等与彼此的关怀。我将引述报告总结出的以下四个特点并加以说明。

一是"懂得自我"。62% 的受访"00 后"表示"会对自己感兴趣的领域投入很多时间和金钱"，66% 的受访"00 后"表示"很多决定都是我自己做的"。"00 后"之所以能如此清晰地界定自己的兴趣以及明确地投入兴趣并做出自己的决定，其根本原因是数字技术带给他们的可能性。"00 后"熟练掌握移动互联网以及数字技术，他们可以通过这些新技术高效地发现自己的兴趣，并借助新技术聚焦兴趣领域，从而获得更高的成效。这些发现与投入又使得"00 后"能比前辈更早地发现自我，强化自我认知，因此 72% 的受访"00 后"表示"个人在某领域的深刻见解及成果更能代表自己"。他们已经习惯于独立做出决定，愿意尝试不同的领域、培养多种兴趣。

二是"十分现实"。65% 的受访"00 后"认同"家庭资源是未来发展的一个重要因素"。"00 后"非常明确地理解现实以及资源的重要性，即使原生家庭力量不足以依靠，他们也会想办法向外拓展，所以 73% 的受访"00 后"表示"会主动地获取资源来发展自己感兴趣的领域"。数字技术帮助"00 后"比较容易地获取更广泛的链接，也降低了获取外部资源的成本和难度。最近几年，我发现非常多的年轻人积极参与各种有影响的活动并争取表现的机会，他们表现得极为活跃并展示出自己的风范。表现优异的年轻人也的确能获得更好的发展机会。

三是"不盲从权威"。69% 的受访"00后"表示"如果遇到不懂的问题，在询问专家后还是会自己去查资料"；53% 的受访"00后"表示"会在长辈面前提出自己的想法"，45% 的受访"00后"表示"会对社会和国家发生的大事发表自己的意见"。"00后"的独立意识以及思辨能力相较于前辈更加突出，他们愿意表达自己的意见，不再完全迷信权威。作为一个有着30多年教龄的老师，我对这一点的感受更加深刻。在今天的课堂上，老师不能再搞一言堂、满堂灌，而要学会倾听，更要和学生对话、讨论。

四是"多样性"。69% 的受访"00后"表示"会在不同的人面前展现不一样的自己"。他们非常理解数字化时代的多元化环境，所以能根据不同的环境和要求，做出自己的调整。他们也力图展示多样性，而不是把自己限定在一种角色或状态之中。我常常看到年轻人身兼数职，尝试很多新的挑战。我们甚至需要承认，今天的年轻人更具包容性，也更知道如何处理不同的声音与评价，他们更愿意展示自我，但同时也能要求自己融入不同的社群。

从这一报告中可以看到，新生代的自我效能感更高。自我效能感（self-efficacy）是由著名心理学家阿尔伯特·班杜拉（Albert Bandura）于 20 世纪 70 年代提出的概念。按照班杜拉的定义，自我效能感是"个体关于自己在一定程度上能有效采取一系列必要的行动去处理未来某些情境的一些信念"。自我效能感主要是指个体对自己能力的自信心，这种能力最突出的特点就是，如果个体需要在特定条件下完成任务，他自己可以调动起需要的一切，包括动机、认知等一系列行动。

换个角度说，自我效能感是一个人相信自己一定能完成任务的信心与期望，所以自我效能感并不是一个人的真实能力。当一个人具有较高的自我效能感时，他就可以排除外在因素的阻碍，想方设法达成期望。

自我效能感有四个来源：先前的经验及实际成就、行为榜样（他人的成绩）、他人的劝说以及个体自身的生理心理状态。数字技术催生了很多新商业模式和成长模式，这些模式带给年轻人的成功机会，远多于工业时代。过去打造一个企业品牌大约需要 50 年或更长时间，今天的创业企业打造品牌也许只需要 5~6 年的时间；过去一个人获得超越常人的财富可能需要几十年的时间，今天也许几年就可以实现……这一切都强化了实际成就、行为榜样以及个体心理状态，让新生代自我效能感达到前所未有的高度。

胜任力拓展

胜任力（competency）是由哈佛大学教授戴维·麦克利兰（David McClelland）在 20 世纪 70 年代首次提出的。随后很多学者对这一概念展开了深入的研究，不断丰富并明确其内涵。什么是胜任力？
胜任力就是个体所具备的某种或某些潜在特质，这些特质与高绩效
员工的工作表现具有高度的因果关系。国内学者赵曙明总结了国内
外学者对胜任力的定义后认为，胜任力主要有以下三个特点：与特
定的工作相关、创造高绩效、包含了人的个性特征。

胜任力是个体最重要的一种特征，拥有胜任力的个体被称为卓越工
作者，反之则是普通工作者。在通常情况下，组织会借助胜任力评
价个体与组织的绩效关系，由此筛选出高绩效工作者。

麦克利兰的"冰山模型"（见图 3-2）是人们熟悉并被广泛应用的模
型，因此我不再做更详尽的介绍。大家需要注意的是数字技术对这
个模型的影响。个体组合数字技术时，便具有了更高效地拓展胜任
力的可能性，此处采用"冰山模型"中的五个要素理解其变化。

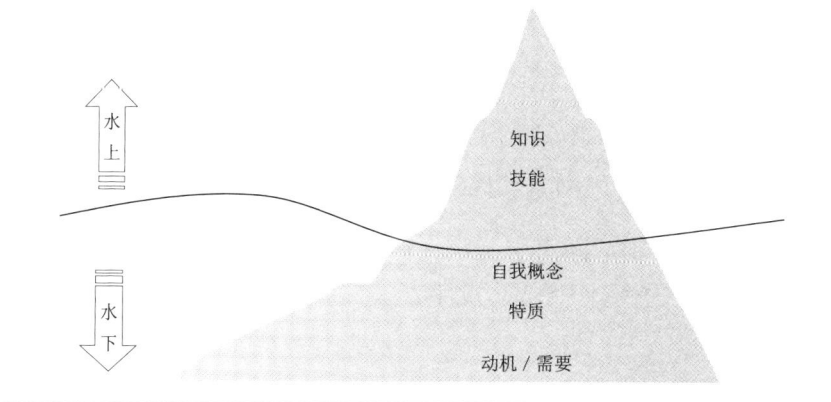

图 3-2　胜任力的冰山模型

数字技术的一个重要特性就是赋能个体。运用数字技术，个体能高效地提升自己的知识水平。除了在学校、工作中学习，数字技术还能帮助个体随时展开学习，获得更加广泛的信息与知识。知识付费行业的出现，可以从另一个视角说明这一点。

在数字化生存背景下，大部分技能几乎都与数字技术相关。拥有数字技术的新生代在技能部分具有天然优势，这让他们更容易胜任今天的很多创新岗位，更容易适应新商业模式以及新技术带来的各种组合；在与数字技术相关的领域与岗位，新生代能更快地成为高绩效工作者。

相对于自我概念而言，新生代的自我认知觉醒是明确的，正如上述报告总结的"00后"的特征，强个体的明显特征就是对自我的理解并借助外部信息强化自我认知。他们在意追求进步和提升自己，渴望掌握大量知识信息；他们对数字技术拥有偏好，并组合自我发展以展开创新，从而以更快的速度获得成功。这些清晰的自我期望，正是他们明确的自我概念的显现。

我们观察到的已经成为企业管理者的"80后""90后"，往往展示出更强的主动性、学习动机和成就动机；他们喜欢挑战新事物，富有创造性；与"60后""70后"相较，他们更自信并且强调自我实现，这些也正是新生代员工展示出的特质。

数字技术可以帮助人们更敏锐地认知自己的动机与需求，加之人们所具有的更清晰的自我概念，他们与工作的匹配度往往更高，从而也更容易表现出高胜任力。人们把自己掌握大量信息的优势用于与他人达成共识，相互激励、指导和推动发展；以技术不断提升自己从而动态适应变化。在新技术的帮助下，个体能更好地平衡工作与生活的冲突。虽然数字技术让一切在线化，导致工作与生活的界限越来越模糊，但是人们也因此有机会去兼顾二者，而最终结果取决于自己如何驾驭与协调。

个体期望主导的心理契约

个体与组织的关系除了正式契约关系，还有一层隐形关系，即心理契约（psychological contract）。心理契约原本是社会心理学的概念，近半个世纪以来被运用于管理领域。心理契约在管理实践中有着极为特殊的作用，个体与组织关系中一系列隐含的、无形的相互期望，往往会产生正式契约无法产生的影响。心理契约的存在，对组织和成员维系彼此的良好关系起着非常重要的作用。

我选择以丹尼斯·卢梭（Denise Rousseau）的观点来理解心理契约。她认为心理契约是员工以自己与组织的关系为前提，以承诺、信任和感知为基础，自己和组织彼此形成的责任和义务的各种信念。在今天的组织成员中，强个体对个体责任的认知和对组织责任的认知都更为明确。在大部分情形下，优秀的个体不会对组织提出更多的期望，相反，他们会对自己抱有期望，在不同的组织情形中，运用自己的力量协调自己与组织之间的关系，创立一个让自己能承担责任、发挥作用的组织环境，保持自己的心理稳定性和心理预期。

我们曾经对组织中雇员的心理契约进行研究，感受雇佣双方在心理契约中对组织义务期望的变化。尤其是在新技术的冲击下，持续的组织变革和转型几乎成为大部分企业的必经之路，这些都导致心理契约发生了巨大的变化。

这些变化主要体现在，以组织期望为主的心理契约内容结构转变为以双方互动或个体期望为主的内容结构。同时，一些新内容，如对灵活性、公平性、变革创新的要求，在心理契约中占据的权重越来越大，表 3-3 概括了这些成果。

表 3-3　心理契约内容构成的变化

特点	过去的心理契约构成内容	当前的心理契约构成内容
关注的焦点	工作安全性、连续性、对组织忠诚	相互交换的可能性、未来雇佣的可能性
形式	结构化的、可预测的、稳定的	无固定结构的、灵活的、可以广泛协商的
建构基础	传统、公平性、社会判断	市场导向、能力与技能、附加价值（增值）的可能性
组织职责	工作连续、工作安全、培训、职业发展前景	对于附加价值的公正奖励
雇员职责	忠诚、全勤、服从权威、令人满意的工作绩效	技术革新、创业精神、锐意变革、不断尝试、优异的工作绩效
契约关系	正规化、大多数通过工会和中介代理机构	认为双方服务的交换（内部及外部）是个人责任
职业生涯管理	组织职责，通过人事部门的输入规划和促进职业生涯的内螺旋发展	个人职责，通过个人的再培训和再学习而形成职业生涯的外螺旋发展

资料来源：陈维政、张丽华、忻榕 . 转型时期的中国企业文化研究 [M]. 大连：大连理工大学出版社，2005.

心理契约内容结构的变化表明，组织与个体关系正在发生变化，在协调组织与个体良好的工作关系中，个体与组织对话的能力在提升，个体更主动地与组织构建稳定的心理契约，减少违背组织心理契约的情况。

因为心理契约对员工的工作态度和行为会产生重大影响，所以组织管理需要对心理契约给予特别的重视。但在过往的实践中，在个体与组织心理契约中，个体往往更在意组织的承诺能力。这一方面表现出个体对组织的期待，另一方面也表明个体自主性弱，被动等待；心理契约违背的情形一旦发生，个体就会受到很大的伤害，导致员工的行为或态度发生改变，进而破坏个体与组织的工作关系，降低个体与组织的绩效，甚至会直接导致个体对组织的信任度下降，在严重的情况下，个体甚至会出现反生产力行为。

组织中的强个体有能力构建相对稳定的心理契约，他们更确信自己对组织责任的认知，会建立多种渠道展开有效沟通，让自己更胜任工作，以保持自己与组织确立适当而正确的工作关系，以优异绩效超出组织期望并获得组织的认可。强个体的这些卓有成效的努力使组织与个体的心理契约更趋稳定。

心理契约分为三种类型：交易型、关系型和团队成员型。强个体在这三种类型中都能展示出良好的促进稳定性作用。在交易型契约中，他们超出价值预期展开交换；在关系型契约中，他们承担长久的开放性责任；在团队成员型契约中，他们主动与组织构建事业关系并愿意为此承担责任。

关注组织中的个体行为是为了寻求个体行为背后的逻辑。普通个体常常会为自己的行为寻找外部的原因，强个体却常常从自己的内在寻找原因。高自我效能感能不断拓展胜任力并构建稳定的心理契约，使强个体在遇到困难和挑战时，不是简单地将其归结为外部原因，而是更关注个人努力程度；也正因为把自己的成功归于内因，他们也能对未来的成功抱有更高的期望，设置更高的绩效目标，成就更好的自己。

第四章
领导者新定位

领导者担负着特殊的组织职责，决定组织成员的绩效，确定组织发展的方向，因而尤其被关注。马克斯·韦伯（Max Weber）认为，有效的领导者有一种魅力，其具有的某种精神力量和个人特征能对许多人施加影响，所以要更加关注其角色作用的变化。

在组织管理体系中，领导者的角色以实现组织绩效目标为导向，他所做的努力就是对组织成员施加影响从而实现组织的目标。在数字化生存环境中，如何在不确定的环境下寻求确定的发展方向，如何驾驭不确定性以实现既定的目标，如何让强个体集合在组织平台，是对领导者的一系列挑战。在此环境下，领导者要聚焦于确定组织的正确方向，关注组织的未来，引导和影响组织成员推动组织变革，探索新的可能性。在承担传统的领导者功能的基础上，数字化时代的领导者还需要聚焦于另外两个新定位：一是成为持续变革的领导者；二是成为面向未来的领导者。

持续变革

德鲁克先生说过："无人能够左右变化，唯有走在变化之前。在动荡不定的时期，变化就是准则。但是，只有将领导变革视为己任的组织，才能生存下来。"面对数字化生存环境，领导者必须打破思维惯性、打破旧的习惯、破除利益结构、破除组织刚性，做出自我超越的变革选择。

研究领先企业领导者实践后发现，成为持续变革领导者需要从以下五个方面做出努力。

思维模式转变

数字化时代领先企业的领导者在接受访问时，会提到这样两句话："去看看不见的"和"做不可能做到的事情"。在他们的实践中，别人能做到的事情，自己也必须能做到并做好，同时还要做一些别人不可能做到的事情，比如跨界创新等。在他们看来，这些对企业的发展是非常重要的，虽然别人做不到，但是他们坚持围绕这两句话展开探索，调整自己的思维模式，向前迈一步。

2010 年前后，在访问一些互联网企业时，我发现它们在探讨很多新东西。记得有一次它们在讨论"全连接"与"零距离"概念，我需要转变自己的思维模式才能理解。数字技术发展到今天，这些新概念模式已经深入各个领域，共生态和价值网络也融入很多企业的发展方式。现在回看领先企业，它们因为率先在思维模式上做出转变而成为领先者。

真正的客户导向

什么是真正的客户导向？我用自己工作的实例来介绍。自 2013 年 9 月开始，我带领新希望六和的禽肉事业部展开自我变革。为什么要做转型？就是因为公司所处的行业变了，公司所在的农牧行业评价系统变了，从养殖户评价转向消费端评价。以前农牧企业的好与坏由行业内的企业自己的养殖户评价，消费者并不知道企业的好坏；现在消费者告诉全行业，谁的肉好，谁的肉不好。消费者评价要求企业做出改变，做到真正的客户导向。这个转变率先在销售端实现，带来农贸市场超市化的快速发展。我第一次认识永辉生鲜就是因为他们的农贸市场超市化做法让我眼前一亮。永辉选择做生鲜超市正是基于客户导向的选择。

农牧行业也要随之做出改变。为了在养猪事业领域实现客户导向，新希望六和创立了夏津模式。在现代化的夏津猪场，新希望六和注重养殖环境、养殖过程、养殖水平，坚持科学规范、高质量的标准，投入很大。公司全力以赴做好三件事情：食品安全、环保、养殖效益。这才是真正的客户导向。真正的客户导向，就是以客户价值为行动准则。

人的活性化

组织变革最终都是人的改变，而人的自我超越与自我革命也就是人的活性化。奈飞在总结自己的企业文化时的一个观点给我很大启发。在奈飞看来，人们以更大的成长欲望创造了增长，但是强劲的增长却带来了一个问题，那就是让公司变得复杂，而组织的复杂性必然带来发展的阻力，甚至让企业文化受到冲击。

组织的复杂性会对人提出更高的要求，而驾驭复杂性需要高水平的人才。事实却恰恰相反，增长的复杂性会导致高适应性人才的比例下降，这是所有企业需要面对的问题。奈飞认为，高增长带来的复杂性与高适应性人才下降之间形成了一个剪刀差，这个剪刀差会让企业混乱、不协调甚至难以展开协作。在亲身带领企业成长的过程中，高增长带来的复杂性与高适应性人才之间的剪刀差，也让我遭遇过前所未有的组织混乱和不协调。

如何解决这个问题？奈飞的结论和我自己的实践都证明，需要依靠"对的人"，需要依靠人自身的能力来解决。当组织拥有"对的人"时，其能力可以帮助企业超越复杂性。那么，什么是对的人呢？就是不固守原有的经验、与公司核心价值观一致的人，他们能认识到自由取决于责任，创新取决于自律，更以自我成长为内在的要求。

开放合作

数字世界构建本身就是一个完全开放合作的共生态。以华为为例，华为曾在其年报中透露，华为加入了 400 多个标准组织、产业联盟、开源社区，华为人担任超过 400 个重要职位，包括在众多重要组织中担任董事会或执行委员会成员。华为以"互生、共生、再生"构建与合作伙伴的商业生态体系，坚持打开边界。

开放合作，积极参与产业组织共生发展，联合生态伙伴开放式创新，为创造顾客价值，创新产业价值，帮助客户构筑数字化转型领先优势，用新技术推进社会进步，华为因此成为行业领导者。

系统思考的内部改造

持续变革需要形成企业内部的系统思考能力，需要通过内部改造实现系统整体效益最大化。对于今天的领导者而言，保持企业的增长、为顾客创造价值、给股东合理的回报、让员工能创造价值并分享价值，是其根本的责任。同时，领导者还需要对合作伙伴有价值贡献，推动产业进步，让社会变得更好。这些多元责任的要求，需要领导者秉持整体系统最大化的原则，展开系统性思考的内部改造。

系统性思考的内部改造被称为结构性改造，又称结构性收益。在组织内部，涉及的要素和分工都需要按照整体最大化的原则来构建，比如产能结构、规模结构、市场结构、人员结构、产品结构等，都要围绕系统思考展开，这就是系统思考的内部改造。

系统思考的内部改造还可以被称为企业与顾客之间的无界融合。内部改造让企业为顾客创造的价值最大化，帮助企业面对变化时保持内在的定力，实现可持续经营。

面向未来

面向未来是领导者的第二个新定位。数字化的本质特征表明，未来与现在被压缩在当下。在这个挑战面前，领导者必须有面向未来的能力，成为引领组织面向未来的卓越领导者。卓越领导者对巨变环境下的组织的重要性不言而喻，这源于以下三点。

第一，让组织高效运营。在一个不断变化的环境中，组织高效运营变得非常重要。第二，指明方向，鼓舞人心，重振希望。这能让人们充满信心地应对遇到的挑战，克服困难，确信未来。第三，应对不确定性带来的危机，带领团队摆脱危机。

如何成为一位面向未来的卓越领导者？我们可以从卓越领导者身上找到两个共性特征：专注于人的成长和调整坐标指向未来。

专注于人的成长

1992 年，我开展了一个关于中国领先企业成长 30 年的研究计划，对通过研究筛选出的 5 家企业（海尔、TCL、联想、华为和宝钢）进行持续跟踪，探索企业领先的驱动因素，并希望借此总结出可借鉴的模式。在第一个 10 年的研究中，我们发现这 5 家领先企业都有一个重要的驱动因素，即卓越领导者——张瑞敏、李东生、柳传志、任正非、谢企华。我用"英雄领袖"来概括他们的特质。所谓英雄领袖，是指他们既是推动行业进步的英雄，也是引领人进步的领袖。

"发展自己，发展他人"自始至终贯穿他们的管理过程。"发展自己"是他们对自己的要求，他们都是与时俱进的典范，更是持续学习与变革成长的践行者。"发展他人"是他们持续投入的工作，让每一位组织成员与目标紧密相连，为组织成员、行业伙伴提供学习成长的环境。他们关注行业的变化，具有民族使命感、责任感；他们努力挖掘人的成长潜力，确保团队与个人，包括自己，一起成长。

任正非是其中一位最具代表性的卓越领导者。华为很早就提出了人才是第一资源、是企业最重要的资本的观念，华为是深圳企业中最早将人才作为战略性资源的企业。在人才培养、人才使用以及激励系统设计上，发展人是华为的根本核心。为了让华为人能持续进步与成长，在华为的企业文化中，华为也将危机意识的培养作为培养人才的主线。在任正非的倡导下，华为人始终没有放松学习。即使在 2019 年遭遇美国的极限打压，华为也依然保持强劲的增长，其核心关键就是 19 万华为人的力量。

《领先之道》一书总结了英雄领袖为关注人的成长所做的努力，这些努力有如下集中表现。

通过不断学习和持续改进提高组织能力，他们的出发点基于以下两点：一是为将来培养技能和人才；二是创造一个不断学习的组织。

为将来培养技能和人才：

- 介绍人与人之间可相互学习的途径，鼓励相互指导、相互帮助和相互学习；

- 投入时间及精力为未来的经营培养技能，而不只局限于达到目前的目标。

创造一个不断学习的组织：

- 不断努力提高组织内成员的能力，善于学习他人（或竞争对手）的经验，寻求对完善自我有利的外部挑战；
- 推进创新精神以求发展，激发个人好奇心和不断学习的欲望。

有关领先企业的研究计划开展已近 30 年，这 5 家依然领先行业的企业，我们不得不由衷钦佩这些卓越领导者所做出的努力，他们致力于推动行业进步、人的成长，不断要求自我进步、与时俱进，带领这 5 家企业获得持续的成长性。

调整坐标指向未来

领导者必须带领人们实现当期的目标，解决今天的问题，同时还要承担另一个明确的责任——为组织的未来负责，这就要求领导者有指向未来的能力。换句话说，领导者的坐标体系中需要有指向未来的维度。

领导者始终需要思考：未来，组织在哪里；组织与未来世界的关系是什么；组织应该做出怎样的努力才能具有面向未来的能力。

持续关注这一话题，让我有机会接触很多领导者。在与他们的深度交流中，有一个现象让我很担心，很多领导者的思维模式可能还停留在 20 世纪 90 年代。比如，一些领导者非常在意自己的对错，所做的努力只是为了证明自己没有犯错误。领导者非常在意对错，就说明其思维模式还停留在 20 世纪，虽然他生活在 2021 年。今天不是谈对错的时候，今天是谈变化的时候，在一个变化的背景下，对错已经没有太大的价值，真正有价值的是，愿意试错，能纠错迭代，持续创新。又比如，一些领导者很在意自己的权威性，尤其关注自己的影响力。但是，今天人们所做的很多努力就是挑战权威，打破边界，寻求新的可能性，所以人们并不在意领导者的权威性或岗位与角色，人们更在意领导者的价值贡献。在今天的组织体系中，只要你有价值贡献，在任何岗位或角色都可以释放巨大的能量。

改变这种令人担心的现象需要人们具有面向未来的属性，这既是时代对领导者的要求，也应该是每个人对自己的要求。今天的我们面对的真正挑战不在于学过什么、做过什么，而在于面向未来学什么，为未来做什么。今天的我们，只有将自己的坐标指向未来，才会有更强的意愿、更大的动力培养自己、超越自我，成为能面向未来的卓越领导者。

在最近几年里，我在企业做调研时，最关注的就是组织是否具有面向未来的属性和能力。零售业商业模式的调整，可以让我们理解组织面向未来属性的重要性。早期零售业是小店，很多是"夫妻店"；新的模式"百货商店"出现，将多种多样的商品放在一起，为人们的生活带来了更大的便利；"超市"出现，更大的规模、更多的商品提供了更大的便利性；"连锁超市"出现，更贴近人们的日常生活；

"便利店"出现，更亲民；"电商"出现，商品选择不再受地理位置的局限；继续发展，"新零售"以数字技术、智能技术为媒介，随时消费、配送到家的场景将便利性发挥到极致，人们也知道，零售业还在继续创新的过程中。零售业的发展也是每个行业发展的缩影，一方面跟随人们走向未来，另一方面又引领人们走向未来。企业如果不具有面向未来的属性和能力，就会在行业发展的过程中被淘汰出局。

广州有一家著名的百货公司"南方大厦"，曾经被誉为广州的标志。随着沃尔玛和家乐福进驻广州，新商圈和新商业模式出现，"南方大厦"退出了舞台。同样的情形还发生在多个城市，老牌百货公司因为无法跟上消费者、行业与技术的变化，渐渐失去了往日的光彩。

传统百货商店被淘汰，新零售展示出无限可能性，这从另一个角度告诉我们，即便在今天是很强大的公司，如果没有指向未来的能力，也无法逃脱被淘汰的结局；即便在今天是很弱小的公司，如果能创造有关未来的可能性，也会具有成长壮大的可能性，领导者尤其要理解这一点。

从企业发展的实践历程中我们已经清楚地知道，领导者需要引领组织调整坐标指向未来。要做到这一点，企业需要做出巨大调整，要放下已经取得的成功，重新出发，理解新技术，跟上时代步伐；从新的可能性出发，而不是从自己的优势出发；从消费者需求的领域出发，而不是从自己擅长的领域出发。

自我造就

领导者本身也需要一个自我造就的过程。按照领导者的定义，其实
每个人都具有领导者的天赋，但是为什么很多人都无法成为领导
者？答案是缺乏后天的自我培养。对领导者的近距离观察让我们发
现，要成为面向未来的卓越领导者，需要从以下三个方面培养自己。

自我超越

卓越领导者非常清楚，培养自己的关键是自我超越。早年我曾去华
为调研，他们的一个观点给我留下了深刻的印象：在华为看来，只
有成长，没有成功。2017 年是华为成立 30 周年，彼时没有庆典，
一切如常。在华为，你可以理解什么是"所有成功，皆为序曲"，这
是一种超出人们想象的成长力，个体成长与企业目标完全组合在一
起，整体面向未来，不会满足于过去的成功。在一次华为内部交流
中，他们介绍任正非的故事，说他去看贝尔实验室时眼前一亮，觉
得像看到了宝，待在那个实验室里久久舍不得离开，觉得眼睛不够
用，他对自己说：华为要有这样的实验室。为何华为的 5G 技术能
走在世界前列？其强大的学习力和不断超越自我的文化正是助推器，
任正非正是华为自我超越文化的核心。

我曾到海尔调研面向数字化的转型之路。海尔创设了一套新的组织
体系——"人单合一"模式。组织中每个成员的绩效直接与顾客价
值创造相关联，组织中每个成员都有价值贡献，且与绩效、组织目
标、方向一致，与顾客价值创造一致，因而上下能拧成一股绳。"人

单合一"模式以其独特的价值给很多制造业企业的数字化转型带来启发。为了实现这一模式，海尔设立了两种组织形态——转型小微和创新小微。这两种组织形态打破了原有的组织体系和组织模式，化小单元，让人人都可以成为首席执行官。

为什么在海尔，人人都可以成为首席执行官？最重要的是领导者和管理者都能超越自我。领导者愿意授权给每个人，让每个人都与经营直接挂钩，都与顾客直接关联，这让人人皆可成功，人人皆可创造价值。"人单合一"模式是对组织新模式的探索，其中的核心之一就是自我超越。我曾在与张瑞敏的对话中，问及在怎样的情形下，"人单合一"模式能成功，他的答案只有四个字"自以为非"。在随后的交流中，他反复强调，企业领导者必须做到"自以为非"而不是"自以为是"，必须能自我超越，否则就无法推动企业组织的成长。

卓越领导者与普通领导者之间最大的区别就在于，前者一直专注于人的成长，既专注于自我成长，也专注于发展他人。正如"成为世界级企业"被写入《华为基本法》第一章第一条，这既是华为的目标与理想，更是任正非推动华为持续超越自我的内在动力。

卓越领导者不会对已经取得的成功沾沾自喜，更不会因为某一个成功停滞不前。他们会把雄心壮志嵌入组织文化，他们对企业长期发展所具有的使命感更能激发员工和社会的投入，更能激发自己与组织成员持续超越自我，这也是他们成为卓越领导者的核心基础。

他们的长期发展使命感具有明确的文化内涵、理性的科学主义精神、更大的价值追求以及更高的精神境界。他们会超越商业利益，回归价值创造本身；他们能协调发展与贡献之间的关系。当一个领导者立志实现长期发展和实现企业对民族或社会的使命时，他定能不断超越自我，向更高的目标发展。

成为自己的领导者

在商学院戈壁挑战赛的起点——阿育王寺，我真正懂得了一个道理，并非顺应时势才可以造英雄；并非环境友好才可以发展；并非碰到机遇才可能成功。玄奘只身一人，一步一步地坚定地往前走，历经九九八十一难终取回经书，他西行的过程其实就是一个自我认知挖掘的过程。所以，戈壁之行让我爱上了玄奘，让我深刻地理解到，自己可以造就自己。一个人最重要的是先成为自己的领导者。

成为自己的领导者的第一步是自我设定新目标。面向未来是对自己的挑战，只有真正革自己的命，你才有机会超越自我，也才有可能接受变化，拥有新的可能性；要为自己设立新目标，放开自己，拥抱变化与未来。所以，唯有不断地自我设定新目标，才可以真正成长起来。

成为自己的领导者的第二步是养成在实践中不断精进的习惯，也就是不断修炼。要在实践过程中不断地学习和提升，一方面要接受实践的挑战，解决问题；另一方面要走在实践前列，创造新的可能性，这个过程没有止境，不断前行精进的过程就是自我管理的过程。

成为自己的领导者的第三步是要有强大的学习能力。领导力本身就是一种影响力，影响人们做自己要做的事并实现共同的目标。这种影响力的内涵就是知识。如果你的学习能力强，你的领导力就会得到提升，更重要的是，如果能让更多人因你而进步，你自然就可以成为一个更好的领导者。

知识与学习力能从以下四个方面提升领导力。

- 通过学习拥有洞见力。洞见力帮助我们对问题形成独立见解；洞见力能激发人们的想象力，帮助人们通过想象理解外事外物及其内在逻辑。
- 通过学习提升适应力。学习的最大价值，就是帮助人们在获得相关训练和知识准备后胜任任何职业和任何岗位，能够驾驭变化，透过知识技能的精进窥见未知世界之美。
- 通过学习获得说服力。学习可以帮助人们融会贯通，举一反三；帮助人们理解复杂性并找到适合的答案，这些训练使得人们具有广泛对话的能力，能为工作目标赋予意义，找到共同的价值。
- 通过学习拥有定力。学习可以帮助人们展开与自我内心的对话，而不受外界的干扰。

远看近观同一课题的能力

领导者要接受变化的考验，就要拥有众多视角看待世界的能力。向玄奘学习的过程让我懂得，一个人要成为自己真正的领导者，其中一个训练就是对于同一个课题，既要能远看，也要能近观。

我喜欢蒋勋的作品，他让我懂得了远看近观的道理。他曾到一个叫池上的小镇住过两年，写了一本书叫《池上日记》。在这本书中，他说，有一天他们准备在乡间举办朗诵会，大家念各自的诗歌，没想到当天下起了倾盆大雨，他以为朗诵会要取消，结果大家还是尽情地在雨中朗诵，有雨声相伴的诗歌显出了别样的美。他突然意识到，这才是诗。所以他写下："也许诗句醒来就应该在风声、雨声里散去。"

这就是既能远看，也能近观带来的纯粹自由。如果你没有这种能力，一定会觉得天气太差了，声音被掩埋了，会失望甚至会取消原定计划。但在一个真实的场景下，你愿意尝试，就能有新的感受，这是在天气晴朗时所不能感受的意境。此时，你恰恰明白什么叫作美。

2020年新冠肺炎疫情爆发，全球陷入一种巨大的不确定性之中，很多人手足无措，很多企业陷入困境。但是我们总能看到一些人能与危机共处，一些企业能在危机中找到逆势增长的机会。深入和这些企业及其领导者对话就会发现，他们在面对危机时，既看到危机在当下带来的冲击与挑战，找到解决危机的方案；也能看到危机在未来带来的影响和结构性变化，并把这些根本性变化作为自己获得新成长的可能性来源。

组织是会变的，这主要是由于技术的发展允许人们用不同的方式来安排工作，并且只需要按一下按钮就可以跨越千山万水实现协同配合……我想，我们可能必须重新思考组织的本质。

——查尔斯·汉迪（Charles Handy）

第三部分

新"组织"

第五章
组织新解

刚开始研究组织管理并开展组织行为学教学活动时，我对组织的理解还仅限于理论概念范畴。我们时常探讨组织中人的协作行为、组织目标、组织中设立的角色、组织结构设计、组织变革等问题。伴随着与学生深入讨论一个又一个组织现实问题，以及开始承担一个大型组织的具体责任，如何提高组织效率并让组织成员更具责任感与创造活力这一课题，推动我将对组织概念的理解延展到组织管理实践中。我发现，组织概念在实践工作过程中变得更加复杂，而这是以下两个原因造成的。

第一，影响组织环境的变量多样，且构成组织的诸多要素本身也是动态的。我曾被很多企业邀请进行有关组织管理的交流和探讨，虽然我已经做了较为充分的组织理论及研究准备，但是由于每个企业组织所遇到的问题不同，交流和探讨的内容最终还是会超出准备的范围。我和管理者一再拓展探讨的边界，想方设法从纷繁的影响因素中，找出关键影响因素。

第二，组织管理需要把目标、责任、权力与个体结合在一起。组织对个体有目标、责任与权力要求时，会面临以下困境：人天然抗拒约束自己行为的影响因素。探讨组织中的个体行为及职责时，其多样性与复杂性是个挑战；人的行为受其内在心理的影响，但理解个体内在价值观与真实需求本身就是一件极为不容易的事情；在信息爆炸和日益开放的环境中成长起来的个体与过去组织中的个体具有很大区别。

上述这两个原因提醒我们，组织本身就具有不确定性和动态性。组织中的个体，以其独立价值创造影响着组织的整体价值，所以管理者不能仅依据组织对个体的要求和个体的贡献来看待个体，还需要重视个体的特征、能力、价值观、需求及其动态变化的组合等所产生的影响。同时，管理者也需要理解组织本身的特征。对于由不同个体组合而成的组织，个体间的不同关联会产生影响。正式组织目标、权力与资源构成了复杂组织的基本组成部分，非正式组织的情感与爱好同样影响着个体价值贡献。

作为组织本身构成的基本要素和个体的基本构成要素，只有这二者达成一致，组织目标才可能实现。组织目标的持续达成，需要我们关注两个核心内容：一个是组织的动态性；另一个是组织的有效性。

组织动态性

人们可以从多个视角去感受、了解组织动态性。视角不同，对组织动态性的理解也会不同。切斯特·巴纳德（Chester Barnard）在《组织与管理》一书中探讨了组织结构和动态特性的问题。他发现，这是一个非常困难的话题，如果要让管理者理解自身职能，就必须涉及组织的动态特性。但是没有管理经验的经理人无法理解组织动态性这个概念，所以与之进行探讨时必须做出充分的解释，否则探讨将完全没有意义；而不同的具有管理经验的经理人对于组织动态性的理解也有非常大的差异，如此大的差异也可能导致探讨完全没有意义。人们尚未弄清组织动态特性的概念，因此相关的讨论也就失去了意义。所以，巴纳德也从自己的视角出发对此展开了研究。

我也采用自己观察所得的视角对此进行展开。我要先申明的是，这仅仅是我自己的视角，并不能窥见所有，我愿意以此拓展有关组织动态性的思考，并请大家指正。正如巴纳德所言："这一领域有效的沟通还需要发展出一整套的概念和统一的语言表述并获得广泛的接受。我所做的一切还只是开端，也并不完整，还需要我自己和其他对此有兴趣的同行的检验。"

我从影响组织效力的变量的视角来探讨这一话题。组织动态特性研究之所以复杂，是因为会涉及多种不同的变量。我引用汉迪的一张研究图来说明，如图 5-1 所示，仅仅是一些相关因素就已经是多种不同变量的组合。即便这张图已经关联了很多变量，但是，这依然仅仅是部分影响变量，不可能涵盖所有因素。这也是管理者常常感觉研究用处不大的原因，因为处在不同情境里的管理者，面对的影响因素不同，而研究往往仅考虑了某一组变量。

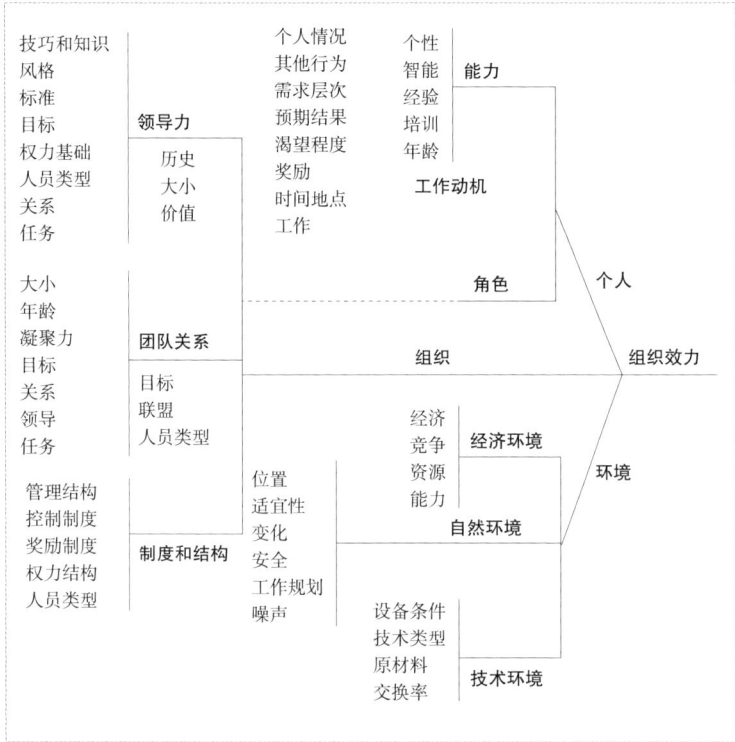

图 5-1　部分影响组织效力的因素

资料来源：查尔斯·汉迪. 组织的概念 [M]. 方海萍，译. 北京：中国人民大学出版社，2006.

只有管理者接受这个事实，有关组织动态性的作用才会呈现出来。而要接受这个事实，管理者也需做出如下努力。首先，管理者要理解自己的局限性。管理者总是在特定情境下，对影响因素做出取舍以确定自己的选择，为此管理者往往会选择性地忽略其他变量。其次，管理者不能被自己的局限性影响，要能接受不同变量带来的复杂性，时刻提醒自己，自己并未掌握所有信息，更不要认为自己的选择是正确无误的。最后，管理者需要保持时时开放的心态。接受不同的变化与冲击，动态组合不同的影响要素，这样才能有效地带领组织朝着目标前行。

为了更好地理解组织动态性，我们先从经典的组织定义出发。经典的组织定义聚焦于为实现组织目标而协同行为的内部成员集合。斯蒂芬·P. 罗宾斯认为："组织是对完成特定使命的人们的系统性安排。"巴纳德的定义是，"当两个或两个以上的个人进行合作，即系统地协调彼此间的行为时，就形成了组织"。埃德加·H. 沙因（Edgar H. Schein）则认为："组织是为了达到某一特定的共同目标，通过各部门劳动和职务的分工合作和不同等级的权力和责任的制度化，有计划地协调一群人的活动。"这些有关组织的经典定义，其核心是关注目标、协同行为以及人员集合。

但是，在数字化背景下，组织目标的影响因素同样涉及组织外部成员，组织与顾客、投资者、产业伙伴、供应商以及广泛的公众行为之间都息息相关，组织目标由组织内外部成员共同努力而达成。在《协同：数字化时代组织效率的本质》一书中，我们发现，在数字化背景下，影响组织绩效的因素由内部转到外部。让组织与外部成员协同，促进组织外部成员与组织之间的合作，建立组织与外部成员之间的合作关系，是管理者要面对的新挑战。

随着数字技术的发展，组织需要增加一些前所未有的新能力，贡献新的价值创造；越来越多的组织工作和价值活动被转移到组织外部，需要与组织外部成员共同合作完成。组织价值网络的合作关系在今天非常普遍，就如诗人所说，没有一个组织能"独自成为一个岛屿"。与此同时，相互关联的价值网络也带来了更多复杂性与不确定性。2020 年的新冠疫情，让人们更深刻地理解彼此的相互联系以及面对的复杂性与不确定性，无论哪一个国家或地区，如果仅仅从自己的立场出发，是无法解决全球疫情危机的。

为此，管理者要能识别各种情形下关键变量的变化，预判这些变化可能带来的影响和后果，随时选择和调整产生影响变量的组合，以保证各要素在促进组织目标实现的过程中，发挥有效的作用。

对组织绩效产生影响的内外部因素的变化形成了组织动态特性，这就要求管理者有能力适应组织的动态性。在传统的组织管理中，为了保持组织稳定性，一些管理者有可能会忽略一些关联影响因素，或者对其重视程度不够，仅仅关注那些直接构成稳定组织的因素。比如，一些管理者习惯于依赖原有团队成员以保持组织稳定性，而忽略了新成员对组织新能力的作用，结果导致在环境对组织提出新的能力要求时，组织缺乏直接应对的能力。又比如，一些组织构建了稳定的供应链系统，在跨界竞争出现时，因对其他领域的发展不敏感而无法跨界组合合作伙伴，最终陷入被颠覆的危机。人们之所以会惊呼特斯拉市值比丰田、大众、通用、福特这几个汽车巨头的市值之和还要高，恰恰是因为新能源汽车所形成的更广泛的价值网络、更大的价值空间以及更柔和的共生模式。反观传统汽车制造商，其习惯于自己的技术优势和产业逻辑、自己的供应链，而无法展开与数字技术和数字产业伙伴的跨界合作。

管理者身处组织之中，会习惯性地关注可以帮助组织获得稳定性的构成要素，如已拥有的组织资源、现有的合作伙伴等。但是，理解组织动态性则要求管理者还要关注那些在稳定性之外的要素，那些带来更大可能性、更多变化以及更广泛链接的要素。

也许你会问，边界到底在哪里？如何驾驭这么多的影响要素？是的，这的确是我们今天要解决的问题，我会在这本书的后半部分回答这些问题。但是，首先，管理者必须认识到，只有组织动态性才能帮助组织持续获得连续的稳定性和成长性。如果管理者不理解组织动态性，把组织限定在稳定性中，组织就会因此失去下一个成长的可能性。

理解组织动态性需要做好应对不确定性因素的准备。一是寻求组织发展历程中的关键要素；二是关注组织及其影响因素的内在发展趋势与变化的方向；三是做好面向未来的认知准备，学会识别不确定性，与不确定性共处。

在结束这个话题前，让我们再回到组织内部。在组织中，人既是组织最基本的构成要素，又是组织中最具活力、最具创造性的要素。因其活力与创造性，人也是组织动态性中的一个关键构成部分。组织需要关注人的需求、变化与成长，提供与之相适应的组织发展机会，这一过程本身就是动态管理的过程。

组织有效性

组织这一形态已经存在数千年，一些组织成功，一些组织失败。到底是什么原因导致了不同的结果，这是组织理论研究的核心主题，也是我在持续的组织研究中力图寻求的线索，即如何获得组织的有效性。

毫无疑问，在社会发展历程中，人类理想与目标的实现往往与组织有着直接的依存关系。我非常认同弗雷德里克·莱卢（Frederic Laloux）所持的观点，他说："在过去的两个世纪里，现代化给人类带来了史无前例的财富与寿命的延长。所有这些非凡的进步并非来自个人行为，而是出自人们在组织中的合作。"

组织框架帮助人们建立不同的组织体系，通过目标、责任与权力以及信息与资源的传递，处理复杂世界中的各种矛盾，帮助组织成员理解目标与责任，并使之在实际行动中，把诸如政治、经济、社会、文化以及技术等各种力量和条件围绕目标集合起来。虽然每个组织集中控制与管理的方式不同，涉及的领域不同，但其核心特征是一致的，就是让组织实现自己设定的目标。

同时，因为设定的目标不同，组合的要素也不同，所以不同的组织有着完全不同的差异性。组织在处理复杂性和所遭遇的困难时，采取的解决方案也不尽相同。一些组织依赖于明确的控制与正式的权力，一些组织则依赖于相互的信任与彼此的影响力。但是，这些组织最终要获得的成效是一致的，那就是实现组织目标。

由于组织中有权力的存在，一些管理者本能地采用集中控制方式展开组织运行管理，并认为管控是有效的模式。但是，组织动态性决定了这样一个事实：组织只有更加自由与开放，才能获得组织效率提高与成长的可能性。这意味着，有关组织有效性的讨论需要在更加开阔的视野之下展开，而不能局限于管理者本身或组织内部系统。不仅如此，数字技术带来的万物互联世界的新格局也加深了组织外部因素对组织有效性的强化效应的趋势，这一趋势需要管理者更开放地面对外部世界，他们与其他人及实际环境之间有着千丝万缕的联系，而我们对于其中大部分联系都一无所知。

组织行为学本身的目标就是让组织运作得更有效，组织有效性是组织行为学研究的最终"因变量"。20 多年的组织行为学教学经历为我提供了一条便捷的路径——在教学课堂中和数千名企业管理者探讨组织有效性的问题。他们把自己工作中的各种冲突与矛盾、遭遇的挑战、成功和失败案例都带入课堂。我和他们一起讨论、一起分析，从中寻找那些成功案例的影响变量。我和学生之所以能对组织有效性建立较为全面的认识，正是基于这些深入实际的讨论以及有关组织有效性的三种基本观点。

开放系统观点：组织的主动适应性、组织效率

开放系统观点把组织作为生存在外部环境之下的一个复杂有机体。开放系统是指与外界环境存在物质、能量、信息交换的系统。开放系统与封闭系统是相对而言的。

按照开放系统的理论，在客观世界中，封闭系统与孤立系统的存在是相对的，即绝对阻止能量交换或物质交换是不可能的，而开放系

统的存在是绝对的。

组织作为开放系统依赖于外部环境提供的资源，这既包括通常意义上的人力资源、原材料、资金与设备等有形资源，也包括社会文化、规则、法律等无形资源。如果将开放系统纳入组织管理观念，组织内部所产生的工作流程、非正式组织、部门与团队等子系统所构成的环境也是组织子系统的外部环境。

我们从开放系统观点出发，可以在两个维度上理解组织的有效性：一个是组织的主动适应性；另一个是组织效率。

根据开放系统的观点，组织需要依赖于外部环境提供的资源，从而获得有效性。当组织适应外部环境，把从外部获得的资源，投入其最能发挥作用的地方时，组织的有效性得以呈现。良好的"组织—环境"关系是由组织与外部环境相匹配而产生的。

成功的组织能与环境互动，主动变化以适应环境变化的需求并与环境融为一体。我曾出任一家农牧企业的首席执行官。这是一家饲料企业，在过去 30 年里一直专注于饲料研发与生产。消费升级时代到来，人们需要环境友好、健康绿色的产品。这家公司主动做出改变，通过投入疫情预警与防控系统、开展养殖户科学养殖习惯的培养、进行现代化养殖系统的建设、设立可追溯系统等一系列新投入、新发展，公司及其相关的养殖产业都获得了极大的提升，生产出更符合消费者要求的产品，公司也因此获得新的有效发展。

企业需要具备与外部环境变化相匹配的能力，才能获得组织有效性。比如，人的流动性带来的挑战在今天更加突出，一个有效的组织，会因此为组织成员提供主动流动性，帮助组织获得或留住更多的优秀人才。腾讯率先开展"活水计划"，在组织内部设立了一套人员流动机制，每个组织成员都可以选择自己的直接上司。如果他觉得现有的上司无法给予他成长和帮助，就可以申请提出调整，这就是"活水计划"的核心价值。有了"活水计划"，腾讯人才管理就能满足外部环境中强个体的需求，腾讯也因此保持了组织的创造活力。

衡量组织有效性的一个常见指标就是组织效率。组织效率是指人们从事管理活动的产出与所消耗的投入之间的关系，即投入产出比。资源投入少而产出高的组织，就被认定为组织有效性高。

实现组织效率，需要组织更具适应性与创新性。适应性能让组织具有高效响应外部环境变化的能力以及满足顾客需求的能力；创新性能让组织具有从外部环境中寻求新资源的能力以及为顾客创新价值的能力。具有适应性与创新性的组织能创造性地把与其他组织相同的外部资源转化为更高的价值。

组织学习观点：组织学习能力

组织有效性依赖于组织获取知识的能力，也就是组织学习能力。在组织理论中，"学习"一词最早出现于赫伯特·亚历山大·西蒙（Herbert Alexander Simon）有关政府组织重组的论述中。西蒙认为，政府组织重组的过程是一种学习的过程，这个观点也让我对组织学习的本质有所理解。给我帮助最大的是克里斯·阿吉里斯（Chris Argyris）撰写的《组织学习》一书。在展开组织学习研究的过程中，我一直采用他有关组织学习的描述："组织学习是为了促进长期效能和生存发展，而在回应环境变化的实践过程之中，对其根本信念、态度行为、结构安排所为的各个调整活动；这些调整活动借由正式和非正式的人际互动来实现。"

"长期效能""生存发展""回应环境""调整活动"这四个关键词，体现了组织学习的功能与机制。组织学习的过程就是组织成员之间的交互行为、组织与外部环境的交互作用以及组织文化的重构过程。

组织学习观点将知识作为一种资源。德鲁克在有关管理生产力的论述中强调，知识是企业提高生产力的四种关键资源之一。在他看来，泰勒"发现了生产力是知识应用于特定人力资源劳动的结果，尽管他从未把这一深刻见解表达为理论"。

知识资源也被称为智力资本（intellectual capital），它以三种方式存在，分别是人力资本（human capital）、结构资本（structural capital）和关系资本（relationship capital）。人力资本包括员工的知识、技能和能力；结构资本是指组织系统获得并保留下来的知识，如工作原理、知识产权等；关系资本则是指企业的商誉、品牌形象以及与组织外部成员的关系等。

组织学习的过程包括知识获取、知识创造、知识分享、知识运用以及知识存储环节。为了获得与维护智力资本，组织需要拥有知识型员工，并将知识系统传递给组织成员，最后将知识转化为结构资本。

我一直关注组织学习与团队成长。一些企业之所以无法让自己变得更优秀，其中一个根本原因就是缺少智力资本。这一方面是知识型员工缺失，即人力资本欠缺造成的；另一方面是企业没有形成集体工作成果，也就是没有结构资本、缺少组织知识积累造成的。知识型员工缺失，没有知识系统，组织就无法形成有效的知识传递。这导致企业成长受阻，无法应对外部环境的变化，也没有能力与组织外部成员展开有效的互动。这也是我认为组织学习力决定着组织的未来的原因。

利益相关者观点：组织多元责任

探讨组织有效性问题时，无法忽略利益相关者关系的重要性。利益相关者包括员工、股东、供应商、工会、政府、社区等。

利益相关者观点包括对企业价值观、企业伦理以及企业的社会责任等这些多元责任的考量，这可以帮助组织变得更加有效。在一个万物互联的世界里，企业不能只是在商言商，而要以社会中的一个成员的身份来对待组织与外在世界的关系与责任；企业不仅要对股东负责，还要对员工、顾客、供应商、社区、整个社会和环境负责。

2019 年 8 月，美国 181 位顶级企业的首席执行官在联合签署声明中强调，企业的宗旨不再是使股东价值最大化，而是让社会变得更美好。管理者们意识到，如果企业想更好地发展，就必须承担更多的责任，而不仅仅只对投资者负责。同样是在 2019 年，阿里巴巴和腾讯都对自己的企业文化进行了刷新，阿里巴巴的"新六脉神剑"注重合作与信任，腾讯把"科技向善"写入新的企业愿景与使命之中。

卓有成效的领导者们知道，企业需要回应其他组织或成员的需求。正是这种回应，构成了组织有效性。

开放系统观点、组织学习观点、利益相关者观点这三个基本观点并不是组织有效性的全部内容，我只是想借助这三个观点梳理出认知组织有效性的视角，更重要的是，让这三个观点帮助我们找到构建组织有效性的方向。

第六章
自进化

在动态变化的环境里，组织进化成为组织的首要任务。引发我关注进化的原因是数字技术带来的认知改变：我们无法预测判断变化，进化成为应对变化的基本方式。在当下人类进化的时间点上，技术、文化、社会系统等都在发生着极其深刻的变化，组织也不例外。

在理解进化概念的过程中，人类进化中的哲学演进、个体发展中的进化理解，让我深受启发。2019 年 8 月，我再次重走希腊哲学之旅。漫步在伊斯坦布尔的街头，我感受着卡尔·雅斯贝尔斯（Karl Jaspers）阐述的哲学轴心时代的特点。复旦大学社会发展与公共政策学院于海老师总结道："在世界上所有三个地区的人类全都开始意识到整体的存在、自身和自身的限度。人类体验到世界的恐怖和自身的软弱。人类在探询根本性的问题，面对空无，力求解放和拯救。人类在自我的深奥和超然存在的光辉中感受绝对。"这一切皆由自我反思、进化产生。

雅斯贝尔斯在《历史的起源与目标》中写道："这个时代产生了直至

今天仍是我们思考范围的基本范畴，创立了人类仍赖以存活的世界宗教之源端。无论在何种意义上，人类都已迈出了走向普遍性的步伐。"哲学从起源之时起就是一种内在询问的过程，可以被理解为自我反思进化的过程。对每个人类普遍性问题的探讨，都成为人类文明精神熠熠生辉的焦点。这一次哲学之旅让我更深刻地理解，人类由历史延展而来，我们寄住在历史长河中。在几千年的时光中，人类在探寻"普遍性"问题中不断演进、进化和生发。

个体演进

在人类演进的过程中，个体发展最具代表性。我曾到过希俄斯岛，这里传说是荷马生活的地方。荷马的《伊利亚特》和《奥德赛》是希腊文化的基石，更是理解人的本质力量的源泉。荷马讴歌的英雄不是具有神的血统，就是具有神所赋予的力量，这种人神共情的状态，让人具有真正把握自己命运的可能性。所以维克多·雨果在《莎士比亚》一文中说："世界诞生，荷马高歌。他是迎来这曙光的鸟。"

按照肯·威尔伯（Ken Wilber）的观点，"人类的意识迄今共有六次转变：原始的、魔幻的（部落的）、神话的（传统的）、理性的（现代的）、多元化的（后现代的）和整合的（后—后现代的）"。他尤其提到了人类历史上最近发生的两次基本意识进化："多元化阶段形成于 20 世纪 60 年代，标志着后现代的发端；而整合阶段是新进才显现的（依然很罕见），代表着超越后现代主义及其基本信条的新阶段的肇始（不管它最终将会以何种形式呈现）。"

我以此理解个人层面的发展与进化的过程。在最原始的、魔幻的、神话的意识中，人类文明进程中的个人因素并未起决定性作用。当人类意识到个人对文明进程有决定性作用时，人类也进化到了现代阶段。文艺复兴、工业革命、新兴国家的建立，一种强调个人重要性的思潮由此形成。

教育普及，技术创新发展，经济生活繁荣，人类迎来新时代。这个时代的社会发展与组织发展，强调个体间的相互依赖、合作、协同共生；个体不再独立发挥作用，而被集合在组织与系统中。人既是独立的个体，又是整体的一部分，因此组织释放的个体价值远大于个体独立创造的价值。

正是对个体发展进化的认识，在过去几年中，使我关注管理研究的范式发生了转变，提出了"共生管理哲学"的范式。在数字技术的推进与帮助下，各种组织的共生协同发展使社会进步，也使人们生活的内涵得到了极大丰富。个人对自我的认识，也从自我意识的觉醒发展为利他共生的觉悟，既确立了个人在组织中发挥的能动作用，又明确组织效率取决于整个团队的贡献。优秀个体更清楚这二者都不可忽略。这种觉悟是个体自我发展中的主动进化过程。

组织发展

作为人类集体行动的一种协作方式，组织是一种无处不在、具有独特意义的社会基础。组织既是社会变化的产物，又促进了社会变化的产生。在雅典亚里士多德的吕克昂学园，我了解了亚里士多德的"人是政治的动物"这一观点，这让我理解了古希腊"国家"的内涵。古希腊选择了各自独立的城邦，一个个城邦就是古希腊人对"国家"的认识。城邦的公民都要参与公共事务，政治生活因此成为公共生活的核心。所以在那个时代，一个公民，无论是诗人、哲学家、行政官、士兵还是祭司，他都可以和其他人一样共同决定国家大事。这一组织形式可以让城邦有序地运行，帮助城邦抵御外族的侵略。

《古希腊城邦制度》记载："他们把城邦视为一个有机整体，自己是其中的一个组成部分。他的财产、家庭、利益、价值、荣誉、希望，他整个的生活，肉体的生命与精神的生命，甚至死后的魂灵都属于城邦，系之于城邦。"但是，也恰恰因为这一点，城邦公民非常排外，各个城邦满足于一时的自给自足，满足于在小范围上的自治。为了城邦的安危，城邦之间也会达成联盟，可惜的是，因为公民们习惯性地排外，联盟并未真正实现。

后来的古希腊城邦在罗马与马其顿的铁蹄下化为了尘埃，其城邦制也成了过眼云烟。追其根源，在城邦制的环境下，各个城邦想要真正结为一个联盟是不可能的事情，因此必然会产生新的组织与制度形式：从民主制度转向了专制制度。随着新技术的出现、新兴国家的发展，欧洲共同体、新独立国家联合体等新的组织与制度形式再一次出现，专制制度又转向了民主制度。今天，很多人又开始重新研究城邦制与联邦制。

组织的自进化过程是为了应对世界复杂性；每一次组织形态的更替，都是源自实现组织自身的目标、应对外部世界所关联产生的问题和挑战，以及承担有关组织成员的发展责任。研究进化型组织的弗雷德里克·莱卢得出结论："这些先锋组织各自探索，互不相识；它们活跃在根本不同的领域和地区；有的只有上百名员工，然而也有的机构员工达上万人。尽管如此，经过反复地试错，他们竟然提出了相似度惊人的架构和实践。"其成就主要体现为三大革命性突破：基于团队的自主管理模式、员工的心灵完整性和组织成为自进化的生命系统。

自组织

我是从一部电影开始理解自组织概念的，它就是《帝企鹅日记》。这部电影中的很多画面都打动了我，以致我专程去南极探望它们，遗憾的是，我去南极时看到是其他品种的企鹅族群。

帝企鹅族群中有很多有意思的情形，比如，在气温 -40℃、风速超过 180 千米每小时的南极，帝企鹅们会密集地站在一起抵御严寒。它们并不是站着不动，而是定时进行微乎其微的运动，陆续改变群体结构，让处于边缘位置的帝企鹅，几小时后可以进入群内中心位置取暖，这个整体运动周而复始，相互配合抵御严寒。帝企鹅族群集体运动时并没有所谓的"领导者"，在极寒的环境里，它们作为群体进行活动，相互默契，彼此依靠。它们站在一起时，整齐划一，"训练有素"，犹如军队。

德国理论物理学家赫尔曼·哈肯（Herman Haken）认为，从组织的进化形式来看，组织可以被分为两类：他组织和自组织。其中，不存在外界的指令，系统按照相互默契的某种规则，各尽其责而又协调地、自动地形成的有序结构，就是自组织。自组织现象普遍存在于自然界和人类社会之中。

从进化论的观点来说，"自组织"在不断地自我完善，从而不断提高其对于环境的适应能力。自组织是一个系统内部从无序到有序的过程，它有别于以权力或资源关系构建的组织，是一种建立在情感、认同、共同事业、共同兴趣的信任关系上的组织。所以，自组织是共同价值观与共同规则所构成的共同体，这样的共同体往往也是社会进步和社会变革的重要起点。由此，一些学者认为，"人类文明发展的过程就是自组织发展的过程"。

自组织具有生命系统特征。生命所具有的生机带来的进化智慧，让整个生态系统朝着更加完整、更加有意识的方向进化。世间的一呼一吸都让变化自然而然地发生，它来自每一个有机体自组织的选择，而不是外在的命令和控制。这自在的变化让万物并存，生态繁茂。

人体就是一个自组织系统，因此我们也可以借由自我体认自组织。

其中最核心的体认就是生命具有自己的方向感，这也是组织进化的宗旨。自组织及其成员以内在正当性为指南，寻求正念的力量，服务于具有更普遍意义的、更美好的价值，而不是企图预测和控制未来。

我引用《一条更简单的路》中，玛格丽特·惠特利（Margaret Wheatley）与迈伦·凯尔纳-罗杰斯（Myron Kellner-Rogers）的一段话结束这部分的内容，相信以下这段话，可以带给你更多有关自组织的启示。

自组织的世界对我们来说是一个奇怪的地方……我们没有必要成为组织者，我们也不需要去设计这个世界……我们可以放弃以下信念：各种各样的组织是我们的责任，这是一项困难费力的任务，因为总是要去推动某些事情的发生。同样，我们也需要放下"世界没有我们就不转了"的信念，世界知道该如何创造。我们是这个过程中的好伙伴，或者我们才可以成为一个好伙伴。

第七章

组织是个整体 [1]

我一直在思考一个问题：怎样才能真正了解一家企业？当一大批有着真实管理经验的学生坐在商学院的教室里，经由商学院的课程拓宽了自己认识企业的视野，甚至学习了关于企业的各个领域的知识，这样他们是否就拥有了新的认识企业的能力呢？答案似乎是明确的：他们的确拓宽了认识企业的视野并学习了关于企业的知识；但是另外一个答案也是明确的：无法验证其是否提升了认识企业的能力。为什么会有两个截然不同的明确的答案？因为管理实践与课程学习并不相同，真实的管理并不等于战略职能、市场营销、人力资源、财务、信息系统诸如此类课程的综合体。

亨利·明茨伯格（Henry Mintzberg）的《管理者而非 MBA》一书中，有一段话让我印象深刻，他在书中写道："有个老笑话说 MBA 三个字代表的是靠分析来管理（management by analysis），不过这根

---

[1]《哈佛商业评论》，"企业是个整体——管理整体论 7 大原理"。

本就不是笑话。"我非常认同明茨伯格的这一观点,如果把企业整体分割成一个个部分,商业变成了各种职能的集合体,甚至把人也固化在一个分工的角色上,这真的可以说是离真实最远的一种理解和设计。

综合是管理的真正精髓

百年管理理论一直是以"分"为主脉络展开并延伸到现在的。从"分工"到"分权"再到"分利",这条脉络围绕如何提升管理效率展开,取得了明显的绩效结果。深究其背后的原因后,我们发现其取得绩效的原因恰恰不是"分",而是"合",也就是综合整体,职能协同,系统合一。这也是掌握了相同的管理知识,拥有了相同的管理结构,却会取得不同绩效的根本原因。因为获得绩效的关键是,把企业看成一个"整体",而非分割的状态。

无论是我自己的管理实践,还是那些被验证过的其他管理者的管理实践,都表明一个道理:管理真正的挑战以及真正的魅力是,让企业有远见,融入环境,拥有上下同欲的团队成员和综合的运行系统,与顾客在一起。企业只有拥有了整体能力,才能焕发出能量并获得卓越的绩效。

持续的研究与实践让我意识到,对于企业现象的阐释应该使用历史学家那种回归当时具体环境的方法,我们要把自己放在最真实的管理环境之中。上文我们已经引用了汉迪讨论组织效力时画的一张图,这张图说明了组织效力研究为何如此复杂。

加雷斯·摩根（Gareth Morgan）在其《组织印象》一书中走了一条特殊的路，他认为比喻和模拟最能帮助人们理解组织，他探究了许多不同的比喻：

- 把组织看作机器；
- 把组织看作生物体；
- 把组织看作大脑；
- 把组织看作文化；
- 把组织看作政策系统；
- 把组织看作精神上的监狱；
- 把组织看作变迁和改变；
- 把组织看作控制的工具。

在他看来，关系组织的问题并没有所谓唯一正确的答案。我觉得这个想法令人兴奋，同时也说明，理解组织时需要把人放进组织、环境，而不是割裂地审视组织。

企业是个整体，这是一个最真实的事实，我们需要回归到这个真实之中。因此，我认为管理需要回归"整体论"，按照"企业是一个整体"的视角理解企业的经营与管理，尽可能地贴近企业的真实情形。下面我以原理的形式将得出的一些主要结论罗列出来，这些结论必须被看作一个整体。提出"管理整体论"，是希望通过这些判断建立一个"整体观"，这对管理者形成真实而准确地反映现实情况的框架有所裨益。

管理整体论及七个原理

原理一：经营者的信仰就是创造顾客价值

对企业的定义及理解必须从顾客端开始，而不能从企业端开始，这是所有管理实践明确证明的结论，就其本质而言，企业为顾客存在。真正影响企业持续成功的重心不是公司的战略目标，也不是发展战略和运营管理的流程，而是专注、聚焦于为顾客创造价值的力量。

传统的经营思考始于这一假设：价值是由企业创造的。通过选择产品和服务，企业自主地决定它所提供的价值。顾客代表着对企业提供产品和服务的需求。因此企业需要一种与顾客之间的连接点（销售过程），使企业的产品和服务从企业的手中交付到顾客手中。企业所做的价值创造是在自己的封闭体系内完成的，价值创造的过程与市场是分离的。所以这种传统的经营假设是在把顾客和企业割裂开来，这也就可能导致企业因无法持续获得顾客而被淘汰。新的经营假设的核心是，价值是由顾客和企业共同创造的，顾客更关注自己的体验，更关注消费过程的价值创造，而不再只是关注拥有产品。

企业需要打破和顾客之间的界限，与顾客融合在一起，这也是很多新兴企业能快速成长的根本原因。新兴企业能找到顾客的生活需求，并有能力以最快捷的方式满足顾客的需求，让企业自身和顾客的生活融合在一起，因此就有了生存的空间并获得了快速成长。

一家能创造顾客价值的企业应该是基于整个价值链或价值网思考的企业。一切从顾客开始，为顾客创造价值，由顾客的偏好决定企业在技术和服务方面所付出的努力，由技术和服务的价值引导资源的投入，最后获得企业的资产和核心能力。这样的企业才会被确认是拥有市场能力并能实现持续成长的。必须让全企业上下对顾客价值的认知保持一致，否则企业的损耗就会非常大。

"顾客价值"不是一个概念，而是一种战略思维，是一种准则。用另外一种方式来表述这种思维和准则就是"以顾客为中心"。"以顾客为中心"要求企业改变自己的思维模式，从而保持与顾客思维模式的契合。企业只有一个立场，就是顾客的立场。

重要的是，

- 顾客价值是行为准则，做事时必须以此为基准；
- 顾客价值是一种战略的思维模式。

原理二：顾客在哪里，组织的边界就在哪里

在新古典经济理论中，企业被完全当作一个"黑箱子"。企业的唯一功能就是按既定的使企业利润最大化的生产函数进行输入与输出之间的转换。在这一假设下，企业的边界主要由生产中的技术因素决定。当依据产品边际成本等于边际收益的原则组织生产时，企业所选择的生产规模是最佳的。但是这种理论既不需要企业是一种组织，

又没有注意到企业内众多的组织问题。

企业存在或扩充取决于成本之间的比较：当企业内部的成本高于市场交易成本时，企业边界（规模）将趋于缩小乃至消失，即市场替代企业；反之，企业得以存在或扩大边界（规模），即企业替代市场。

规模、角色清晰、专门化和控制是 20 世纪促使企业成功的几个关键因素，企业外部边界越大，规模经济的优势越明显，其效益就越好。随着企业竞争环境的日益动态化，传统的成功因素已失去了往日的支配力。在动态环境下，企业成功的关键因素演变为：速度、柔性化、整合和创新。这些都需要企业快速地回应顾客，要求员工不断学习，因此企业应该更多地关注流程而不是专门化的环节。为了有效地应对外部环境的变化，企业必须对企业组织边界做出相应的调整与突破，企业间的边界也会因此变得越来越模糊。

顾客的成长性是其根本特征，企业如果无法与顾客一起成长，就会失去自身的成长可能性。今天，因为技术的发展和发展速度的加快，很多行业被重新定义，甚至生产者与消费者的边界被打破，消费者也是生产者。企业和企业之间的边界也被打破，甚至行业与行业之间的边界也模糊了。很多传统企业管理者因此非常焦虑，找不到自己的边界，有一种完全陌生的感觉。

但是，大家并不需要为此焦虑。如果按照企业与顾客是一体的这一视角来看这些变化，答案是显而易见的：顾客在哪里，组织边界就在哪里。提供这个边界的能力可能不是你自己的，可能是合作伙伴的，可能是价值链上甚至价值链外的合作者的；要跨界，要和别人合作，如此你的组织边界才会打开，从而拥有顾客所需要的新能力。

原理三：成本是整体价值的一部分，在本质上是一种价值牺牲

成本是衡量企业管理水平的关键因素，成本能力是实现企业经营绩效的基础保障，二者因此备受关注。在大部分情况下，成本都被看成独立的、必须消耗的要素，所以很多企业会一直想办法降低成本，管理者也会以节约以及改变成本结构为努力的方向。这种对成本的认知和做法，因其普遍性以及取得的成效，至今都很少被怀疑和质疑。恰恰因为此，我需要很明确地纠正大家，这些认知和做法会把你带向歧途，正如我坚持的那样：廉价劳动力不能保证企业获得成本优势，寻求低成本同样不能保证企业获得成本优势。

如何正确认识成本？首先一定要认识到，成本是商品价值的完整组成部分，成本在本质上是一种价值的牺牲。在考虑公司价值时，一定要记住成本是最重要的价值。成本损耗越多、价值损耗越大，成本损耗越多、在行业中的竞争力损耗越大。换个角度说，如果企业愿意在成本部分做出牺牲，那么这种牺牲必须是有意义的，必须能获得价值并能被感知到。这样的牺牲越大，价值获取越大；这样的牺牲越大，在行业中的竞争力也越强，唯有采用这种理解和做法，成本的效能才会被释放出来，因为成本就是商品整体价值的构成部分。

如果对成本没有整体的理解，牺牲的则会是价值本身。比如，创业企业不需要有管理结构体系，如果创业企业有管理结构，反而会带来巨大的管理成本，而且这个成本是没有价值的，这是一种价值牺牲。企业达到一定规模，人员超过几百人，而管理结构还未形成则是非常可怕的事情，因为管理结构可以被用来进行风险控制，被用来培养成员。被用来为未来布局，此时的管理结构是被用来做价值分配的，所以必须有一部分结构与现在的业绩无关，而与未来的业绩有关；必须有一个结构与绩效无关，与可控性有关。在规模企业中，管理结构会产生价值贡献；在初创企业中，管理结构是价值牺牲。是贡献价值还是牺牲价值，这就叫成本习惯。企业一定要建立这一习惯。

成本是一种价值牺牲，是让价值牺牲有意义还是让价值牺牲无意义，这是企业自己可以决定的。重要的是，

- 在员工身上的投入和在顾客身上的投入，在成本上都是有意义的价值牺牲；廉价的劳动力不会带来成本优势；有效的顾客才会带来真实的绩效。
- 没有最低成本，只有合理成本。产品和服务符合顾客期望，即为合理。
- 成本是品质、吸引力和决心。

原理四：人与组织融为一体，管理的核心价值是激活人

如何看待组织中的人，是管理者面对的最大挑战。在大部分情况下，

管理无效的原因是没有把人放在组织中进行理解，忽略了人与组织融为一体的特征。组织基于合作，而合作基于个体生存的需要，组织是由于个人需要实现自己在生理上无法单独达成的目标而存在的。为了生存下去，这种合作系统就必须在实现组织目标方面有效果，而在满足个人需要方面有效率。巴纳德在有关合作系统的概念中解释了"组织目标处于核心地位"的思想并表明了组织的属性就是个体目标与组织目标的一致性。他深信，只有组织目标的制定才能使环境中的其他事物具有意义，组织目标是使所有事物统一起来的原则。

但是现在需要调整的是，外部环境发生了巨大的变化，这个变化正是由于个体不再如巴纳德所描述的那样，"组织是由于个人需要实现自己在生理上无法单独达成的目标而存在的"。互联网时代的情形恰恰相反，有创造力的个体是由于组织需要实现组织自身无法达成的目标而存在的。组织要实现组织目标一定要依附于有创造力的个体。组织属性在互联网时代发生了根本性改变，或者说改变让组织具有了全新的属性：平台属性、开放属性、协同属性、幸福属性。这四大属性的存在正是为了释放人，而释放人的价值创造是组织所必需的。

这就需要组织有新的管理范式，其核心内容是，具有系统思考的领导者能依赖于激发个体内在价值，而不是沿用至今的组织价值来考虑整体以及个体的行为。在这种新的范式中，有关个体价值的创造会成为核心，如何设立并创造共享价值的平台，以及让组织拥有开放的属性来为个体营造创新氛围，则成为其基本命题。

在管理工作中的核心要围绕两件事展开：一件事是"工作目标"；另一件事是"人的价值"。管理者会关注工作目标，更不能忽略人的价值，唯有做好这两件事，管理工作的本质才会呈现出来。

因此我们需要关注以下三点。

- 管理要解决管理者与管理对象、管理资源三者之间的匹配问题，即在人、资源和管理者三者之间形成协同一致的关系。
- 管理一定要做好"让人在组织中有意义"这件事。
- 管理要让每个人与工作目标相关。

原理五：影响组织绩效的因素由内部转向外部，驾驭不确定性成为组织管理的核心

今天，影响组织绩效的因素已经由内部转到外部，组织绩效不再由组织自身决定，而由组织外部的因素决定，而决定组织绩效的外部因素被统称为"组织环境"。

组织环境具有的不可预测性、多维性、开放复杂性，被统称为"不确定性"。因为组织环境影响组织绩效，所以组织如何在不确定性中寻求一个发展空间成为组织管理工作的内容。因为唯有发展空间才可以不断赋予组织中的个体能力、资源、平台，使其感受工作的意义与价值，从而与组织一起把握不确定性带来的机会。

今天，管理者的核心工作是确保组织可以跟上环境的变化，让组织具有驾驭不确定性的能力。要做到这一点，其核心在于关注组织成员的成长，使成员能持续进行价值创造。

为实现这一点，管理者需要做到以下几点：

- 认同不确定性不仅是常态，而且是经营的机会和条件；
- 具有创业精神和创新精神；
- 拥有超越自身经验的能力，特别是那些曾经被证明成功的企业及企业领导者；
- 与不确定性共处。

原理六：从个体价值到集合智慧，管理者要将业务与人类的基本理想相联系

作为人类实现理想的一种载体，组织所要承担的责任就是拓展个体的能力。今天的管理者，一定要了解团队成员对自由的渴望，了解他们希望独立、打破约束的愿望，同时也一定要了解他们愿意承担责任、有能力承担责任的内在价值判断。管理者需要接受这样的管理理念：将业务与人类的基本理想相联系。想象一下，这将为你、你的员工和你的社群带来怎样的可能性。组织以员工为核心构建一个共同的价值共享系统，为个体实现价值创造提供机会与条件，被激活的个体才有可能让组织具有创造力。

组织的有效性总是让我对组织的能效怀揣敬畏之心。在组织与个体之间的价值互动中，一方面，个体价值崛起，个体更加自主与自由；另一方面，在应对不确定性时，个人只有借助组织平台才会释放自己的价值，因为集合智慧的平台会更具驾驭不确定性的能力。从个体价值到集合智慧，这一转变是激活组织的选择，也是人类保持创造力从而实现人类基本理想的基础。

原理七：效率源于协同而非分工，组织管理从"分"转向"合"

自从泰勒的《科学管理原理》一书面世，管理就成为科学并被广泛运用于企业及各个领域，由此而演变发展的组织管理理论也沿着分工这条脉络延展开来。为了不断获得更高的管理效率，分工的效能也被不断强化。分工所获得的相对稳定的责任体系进而又推进了绩效的获得，分工因此成为主要的组织管理方法。但是，互联技术的出现以及更加巨大的变革与冲突导致不确定性增加，人们越来越觉得无法获得"稳态"。在此种情况下，组织无疑需要一个更加广泛的视野、更加互动的关联以及更加开放的格局，这是一个更类似于"生态系统"的逻辑：复杂、多元、自组织以及演进与共生。

在组织系统中，技术带来的互联互通所产生的最大影响是，组织生存在一个无限链接的空间中。在无限链接的空间中，企业内部必须拥有开放的、社区化的组织形态，而企业外部则表现为以顾客为核心的相互连接的价值共同体。其基本特性是，企业内部多元分工，顾客与企业之间多向互动；价值网里的每家企业的角色都随着消费需求的变化而变化，并在不同的价值网里扮演多样化的角色；价值网里的各角色之间已经不再是管控与命令式的关系，而是"超链接"和松散耦合的关系。

在以互联技术为特点的商业环境下，随着网状协同运作逻辑的持续演绎与扩散，企业的商业模式与组织模式、企业间的协同模式、企业与顾客之间的协同模式以及个人的工作和生活又将发生什么改变呢？大家所熟悉的商业模式及管理模式将被重新定义，这意味着，组织从一个线性、确定的世界走向一个非线性、不确定的世界，柔性化将是以互联技术为特点的商业时代最突出的特质。

一直以来，如何提高管理效率是组织管理面临的最具挑战性的一个话题。分工使劳动效率最大化得以实现；分权则让组织获得了最大化的效率；分利则充分调动了个体，让个人效率最大化。"分工、分权、分利"只是解决了组织内部的效率问题。今天，组织需要解决的是整体效率问题，这既涉及组织内部，又涉及组织间与组织外部，而组织绩效已经由内部转向外部，所以整体效率也更大程度地转向了组织间和组织外部。组织间和组织外部的效率则需要依靠协同、信息交换与共享。

组织间的管理源于价值网协同的共识，也促使人们寻找实现这一共识的途径。云计算和大数据的出现，让这一共识有了实现的可能。数据的共享与交换，极大地提高了消费者之间、消费者与企业之间以及企业之间的协作效率。协同发展将是企业间主要的发展模式，而灵活动态的价值网协同模式将变得越来越普遍并产生良好的成效。

以原理的方式阐述我的"企业是一个整体"的观点，就是希望按照一个真实的逻辑来综合对企业管理本质的思考和结论，使之成为一个整体，从而让人们对组织管理如何应对外部环境变化有所认识，同时对管理实践给予相应的回应和帮助。我并不声称这些判断就是"最恰当"的，我最大的愿望是有管理者觉得"管理整体论"有用，并且我的不足能激发起一些人建立更新的、更好的"整体论"。如果这些判断能推动人们对"企业是一个整体"展开更深入的研究和探讨并得出新结论，那么我的工作就是有价值的。

VALUE SYMBIOSIS

VALUE SYMBIOSIS

创造一个彻底的更有灵魂、意义和成效的工作场所。

——弗雷德里克·莱卢（Frederic Laloux）

第四部分

新价值

第八章
组织新功能：从管控到赋能

经过前几章的探讨，我们来到如何实现组织价值共生的部分。首先探讨的话题是从管控到赋能的功能转变。为了让大家更清晰地理解这一转变，我们再回顾一下组织的定义。我依然选择巴纳德的定义，即"当两个或者多个个体的行动是相互合作的，也就是说它们在系统上是彼此协调的时候，那么根据我的定义，这些行动就构成了一个组织"。

由此定义可知，形成组织的关键要素是"在系统上是彼此协调的"，这明确要求组织中的个体需要进行合作，且合作行为必须是对组织有贡献的行为。在现实中，组织中的个体行为受多种关系的影响。首先是个体自身的影响，其次是合作者对个体行为的影响，最后是合作者之间行为的影响，这些构成了组织中的复杂性，也由此影响了个体行为的选择。为使组织中的个体做出对组织有所贡献的行为，组织会实施控制，以减少个体行为的偏差，组织控制成为组织中极为平常的功能形式。

组织设计和管理假设决定了组织的行为，规定了组织能做什么、不能做什么；约束了组织中的个体能做什么、不能做什么；确定了组织认为何种结果才是有效的。这些假设也会影响市场、顾客以及合作伙伴的价值观和行为，决定着企业的发展方向。这些假设更是组织成员的行为指引，影响组织成员对组织价值观的理解以及组织对个体行为的约束，决定着企业组织效率和企业发展的组织优势。

组织行为学的研究发现，个体会对自己的行为负责。但是，在群体出现后，个体受群体压力的影响，会出现从众行为或逆反行为，此时，个体不会对自己的行为负责，乌合之众大概描述的就是这种情形。当个体处在正式组织中时，根据不同的责任划分和系统，个体承担着有限责任。这些不同行为与责任状态引发了组织自身的管理体系的设立，以确保在正式组织管理中，个体行为符合组织目标的要求。

理解组织功能会涉及角色与分工、权力与责任。实现从管控到赋能的转变，需要提供多角色机会、高身份认同并打造赋能工作场景。

多角色机会

个体常常会依据其所承担的角色以及所获得的身份认同来衡量其在组织中的作用；组织也会通过角色与身份认同来约束个体行为或管理个体行为。角色理论能帮助我们了解如下问题。人们为什么要承受压力？为什么身份认同会在组织中出现误解和冲突？为什么被固化在某一个角色上会限制一个人的能力发挥？这一系列的组织管理问题都是由角色所致。

角色是人们用以界定群体成员在群体内部各个岗位上被期待的一系列行为模式的规范。角色涉及成员对角色期望的理解，这些期望通常是职业角色或法律角色，因此角色似乎总是和责任联系在一起，是一系列符合期望的行为规范。

固化任务角色有利于组织的稳定性

在一个稳定的、以管控为主的组织结构中，角色固化且明确。其好处是，员工明确自己的角色，如高层管理者清楚地知道自己的责任、正式工作范围以及权力的边界；中层管理者清楚地知道自己在组织结构中的作用并要求自己胜任；基层管理者则更在意日常的角色感受。在稳定的组织系统结构里，每个组织成员都以任务角色出现并承担积极维护组织的角色。每个成员既承担任务角色，又承担维护角色的任务，这两种角色的作用达成了组织稳定实现绩效的要求。

组织对角色的划分与期待帮助组织成员澄清自己的角色定位，例如决策者、执行者或基层员工。组织通过这些清晰的角色安排来要求员工明确自己当前的角色，稳定自己在角色中的适应性。对员工而言，明确而清晰的工作角色能给他们带来安全感、自信心，有利于他们完成角色期待，实现组织绩效。

为了获得稳定的组织绩效，固定成员在组织中的任务角色是一个合适的选择，这也是组织管控的具体体现。

强个体期待多角色的机会

但是，人的天性是追求自由、打破约束的，人对自我的期待也是不断变化的。亚伯拉罕·马斯洛（Abraham Maslow）的需求理论表明，人们不会满足于低层次需求，而会朝着更高层次——自我实现发展。这意味着组织成员不会安于现有角色，而是希望有更多机会获得新任务角色，尝试让自己有不同的价值贡献，以实现自我认知提升、获得成长可能性。尤其是强个体和新生代员工，他们的自我认识明确、对个人发展的期待明确且愿意为此付出努力，所以他们不可能接受较长时间地被固化在一个角色上的情况。

我访问过一些新生代员工。他们在刚刚进入公司时，往往扮演较为基层的工作角色。这些员工带着极高的热情进入企业，能接受一定时间的基础角色，但是在内心里，他们有着明确的自我认知以及对组织的期待。一旦扮演这一基础角色的时间超过他们预期的等待时间（这个等待时间往往有限），他们就会认为，组织给他们的角色与他们的自我认知之间存在较大冲突。这种冲突主要是指，他们的能力足以承担更重要的任务角色或更多的角色，但是他们在实际工作中却没有机会获得这些角色，明显感到自己被大材小用了。对于这些员工，管理者有时忽略了他们对自我角色的期待。此时，离开就会是他们的选择。

优秀员工或新生代员工，是对自我成长拥有高期待的员工，他们理解与组织的关系，因此更在意组织是否具有可以提供多角色机会的可能性；他们希望拓展自己的工作空间，愿意承担更多责任，这样他们才会有发挥价值的成就感，否则他们会产生挫折感。

一个人如果觉得任务角色无法满足其期望（理论上也被称为"角色负荷不足"），就会伤害他与其他成员的合作关系；当他觉得角色负荷不足时，他就会消极对待任务或不会再选择合作策略，或者独自完成任务，更有甚者会通过对其他人任务角色和责任的蚕食来扩大自己的角色成就。虽然组织或许能从中获得绩效，但是破坏合作而获得绩效的行为在本质上对组织造成了伤害。

组织人员流动性高表明，原有组织中的角色无法满足人们的需求，当组织无法提供新角色机会时，人员流动是一个必然的选择。针对这一问题，我常常与管理者展开讨论。如果公司总是投入很多来招聘新员工，但不能清晰理解组织成员对角色的期待，不能提供更多角色选择，那么员工即使被招来，最终也会流失。

组织赋能就能解决这一问题。赋能是为每个成员创造平台和机会。讲个小故事，我和北京大学国家发展研究院戈壁挑战赛组委会的同学聚会时，他们在考虑怎样筹备更有效、怎样才能让更多同学愿意主动参与。我就给他们提了一些建议：设计更多角色，这样就会有更多的人参加，参与者就会感觉戈壁挑战赛也是他自己的事情。在原来的角色设计中，有总队长、队长、对外联络、训练、宣传、服务，筹备工作可能只需要五六个人；如果设计更多角色，可能就会有五六十人参加。五六十人的力量和五六人的力量完全不一样。他们按照这个建议进行设计，结果组委会有几十人参加，他们不仅举办了历史上参加人数最多的一届赛事，还取得了历史上最好的成绩。

赋能就是给员工一个机会，让员工因此成长。很多时候，大家认为赋能是组织要教员工做事。其实真正的赋能是给员工机会和平台，提供资源让他成长。只要能提供多角色机会给组织成员，组织成员对角色的期望就会促使他们更加努力，更愿意承担责任。在责任之下，人更容易成长。

高身份认同

一直以来，因为对管理学科属性的理解，我都要求自己在实践界和理论界之间流动，努力提供各种可能性，让企业家和学者展开对话。在这个过程中，我发现一个有意思的现象，就是"身份认同"的问题。学界与业界的身份认同阻碍了彼此进行有效的对话。更有意思的是，两个群体也有意无意地保护着各自的边界，似乎彼此更在意身份的不同。

接近 30 年的感受，让我对身份认同在组织中的作用产生了兴趣。在这个问题上，我认同巴纳德的判断，"身份制度能为组织成员提供激励"。我们在现实中可以随处体会这一点。如果获得某个群体成员身份越困难，那么这个群体的凝聚力就可能越强。为此，人们想办法保护所在群体的边界，就如各种封闭论坛、不同形式的俱乐部和会员，这些机构一旦确定了自己的影响力，其身份认同就成为组织内成员和组织外成员之间的分水岭，也成为组织内成员的"荣誉勋章"，可激励组织内成员发挥更大的作用。

我们来看看有关"身份"的正式定义。一个人在组织中的"身份"，是指在现有的情况下这个人具备的各项条件，这些条件由他在组织中的权力、特权、豁免权、责任和义务组成，也可以理解为，由对他的行为的限制、规定和约束组成，而这些也决定了其他人对他的期望。

识别某个人的过程往往是根据其头衔或身份标志进行的，如教授、院士、董事长、总裁等，此时身份就被制度化了。制度化身份会产生独特的作用。人们会对拥有正式身份的人产生潜在期望，同时身份也界定了等级差别。在日常生活中，我们都能感到身份与社会地位和组织中的地位之间的紧密联系。

这种紧密联系导致人们非常在意自己的正式身份，几乎每个组织成员都在努力获得更高的组织地位与身份认同。一旦获得组织中的正式身份就相应地获得了公开的身份标志、头衔与称呼，以及身份带来的各种福利和约束。这一切既是内部的也是外部的。就如巴纳德所说的，这些"都构成了一个复杂的密码，在实际上反映着身份体系，让新加入组织的人能够彻底了解这个体系，也能够让外人很容易地对这个体系一目了然"。

身份制度给人们提供了极大的方便和好处，拥有某种正式身份可以让人们更容易进入某些组织，更容易获得接纳与认同，更容易被区分。组织管理者也通过强化组织身份认同来保持组织的特殊性与自我优越感。但是，我们不得不提醒管理者，如果强化了组织的身份制度，身份认同也会带来一些困境。

首先，依赖于身份制度，可能无法对个体做出真正的价值评价。已经拥有正式身份的个体常常会得到与身份相适应的价值评价。但事实是，对个人价值进行判断需要更多其他条件，例如，所承担工作与其他人的关联和依存程度、一个人的能力在不同环境下的反应、工作难度以及获得的相应条件的丰富度等，这些都会影响个人价值。

其次，身份制度限制了其他组织成员的成长性。组织成员一旦被确认了正式身份，这些拥有身份的成员就会成为一个自我保护的小组织，拒绝向其他成员提供获得正式身份的机会。据记载，在牛津大学与剑桥大学诞生之后的几百年间，英国都没有新大学诞生，原因是新大学成立需要经过由牛津与剑桥成立的审核委员会的批准，但是这两所大学的委员们不同意设立新大学。

再次，身份制度还会引发另一种让人担心的情形：一些人在获得高职位时是胜任的，但是因为环境变化或组织成长、组织目标变化，他们不再胜任自己的工作。这样的人一旦占据了地位较高的职位，就会直接导致组织的整体水平下降。当然也有一种可能是个人成长比组织成长更快。

最后，身份制度限制了组织的适应能力，这也是巴纳德的观点。身份制度有等级性，好处是可以保持层级的稳定性，有利于组织获得稳定绩效。但是，稳定的层级结构在应对外部不确定性时有很大的局限性。组织为应对不确定性需要有足够的适应性和灵活性，也就是组织的适应能力。

在华为的发展过程中，有两次大的组织变革：一次是 1996 年的市场部集体大辞职，另一次是 2007 年的全员下岗再重新聘用。这两次由华为自己推动的组织变革让华为释放出新的活力，也重新唤醒了华为的组织能力。这两次组织变革正是打破身份制度的最好方式。通过彻底调整，华为内部清除了僵化的身份问题，减少了身份过度膨胀的问题。在华为，"将军"可以去做"班长"。华为人唯一的身份就是"奋斗者"，这一身份认同也是华为共同价值观的体现。

身份认同可以实现组织成员的共同价值观，并由此形成组织的整体意识。克服身份制度的负面作用，借用身份认同激活组织成员，是从管控到赋能的又一条路径。要发挥身份认同的激活作用，可以从以下四个方面展开工作。

第一，设立组织成员自由流动的通路，让成员得到与能力相适应的身份。轮岗制、职位扩大化、竞聘以及华为的全员大辞职等，这些设计都是为了让组织成员有机会调整自己并在组织中有效发挥作用。

第二，规避层级固化、角色固化的情形，避免在组织内部过度保护身份制度，已经拥有身份的高层管理者尤其要有自我超越的勇气。轮值董事长制度、轮值总裁制以及退休制度，都是有意义的设计。

第三，激励与价值贡献直接关联，而不是与身份制度直接关联。公平的分配应该以价值贡献为基准，不应该让身份成为一种荣誉或地位的象征并因此获得高报酬，相反，应该让价值贡献与报酬相匹配。

第四，身份制度与责任、共同价值观相一致。日常的经验告诉我们，如果人们在意某种身份，那么无法获得或失去这一身份都会带来重大打击，人们会特别维护自己的身份。因此，身份制度能对培养组织成员的责任感和忠诚度起到重要的作用。再以华为为例，华为"蓝血十杰""名人堂"等身份制度的设计，在其内部获得了高度认可，促使华为人为此努力，这些强烈的身份认同又推动更多的华为人形成共同的责任、共同的价值观。

赋能工作场景

有效设计工作场景也可以为员工赋能。商学院课程常常会指导入学的同学们展开"破冰"活动。通过破冰之旅，新同学可以很快融入团队，高效理解商学院的基本价值观，启动新班级文化，形成内在凝聚力。我还记得，一些同学克服了自己恐惧的心理，从高处跃下；一些同学克服不能分享的障碍，敞开了自己的心扉；一些同学从被动配合转为主动配合……每位同学都获得了超越自我的感受，可以说破冰之旅赋能了每位新同学，这就是场景的作用。

参加过商学院戈壁挑战赛的管理者也许更能理解场景赋能的作用。我从"戈10"开始参赛，对于一个只能短跑、不能长跑的人来说，这是一件极具挑战的事情。但是，当我来到阿育王寺——挑战赛起点后，看到身边的战友，听到玄奘的故事，感受各个学院令人振奋的风貌、团队的支持，这一切在大漠之中唤醒了我内心的力量，帮助我完成了几乎不可能完成的任务。在戈壁挑战赛上，"你的能量超乎你的想象"是所有参赛者共同的收获，是 4 天 120 千米的赛道赋能参赛者的结果。在这里，每个人都超越了自己。

在场景赋能这个部分，我相信每个人都可以举出很多例子，也在不同的场景中被赋能过。有时，我们也会被场景所打击，比如，你充满热情地来到一个地方，准备贡献你的价值，但是现场的氛围让你知道，这里不需要你的个人努力，你预先准备好的一切，包括你的热情，就在这样的场景下被熄灭了。

工作场景赋能高低直接影响组织成员的去留

工作场景赋能高低是评价一家企业的组织管理状态的一个重要的衡量标准。在我们访问过的企业中，影响员工去留的原因，已经从关注薪资、福利和晋升机会，转变为关注是否能得到学习机会、新技能、更高的成长性。

尚品宅配是一家从软件设计转型成生产制造的企业，是中国工信部颁发的中国三大工业 4.0 标杆企业之一。它通过信息化手段与系统化设计师合作模式，实现了柔性化生产与大规模定制的创新，并因此成为行业的领先者。这个创新模式中的关键要素就是如何留住并激活设计师。设计师是定制家居行业制胜的核心要素之一，拥有优秀的设计师是决定企业品牌以及发展的关键。整个行业面对的普遍问题是，很难留住好的设计师，甚至一些设计师被培养起来之后就开始跳槽。

尚品宅配的解决方案是为设计师推出"设计岛"。尚品宅配在全国的6000多名设计师都在"设计岛"上。"设计岛"最核心的要素是积分和段位，设计师从钢铁战士、白银战士、黄金战士到战神总共被分为10个段位。积分越多，段位越高，薪酬就越高，享受的福利也越好。设计师的积分和段位与目标完成、用户评价直接相关。

在"设计岛"上，设计师专注于自己的积分和段位，不同段位所得到的待遇完全不同。比如，2016年，尚品宅配请到了国外最知名的设计师埃莱娜·阿曼多（Elena D'Amato）担任设计总监，并成立"小曼俱乐部"，8段以上的设计师有机会参加集训营，与阿曼多进行近距离的沟通交流。

设计师可以通过电脑和手机登录"设计岛"系统，查看自己的积分、任务进程，系统也会提醒设计师还差多少积分可以升级。在此场景里，设计师一直处在通关升级的状态，不断超越自己，朝着更高的段位发展。这一系统使优秀设计师变得更加优秀，也会吸引其他设计师加盟。"设计岛"赋能设计师，设计师与尚品宅配实现双赢。

场景赋能高的组织能留住和吸引优秀员工，在这里，员工会变得更加优秀，平台变得更强，新的发展机会也更多；场景赋能低的组织，优秀员工则会离开以寻找更强的组织平台。人才流动有两个方向：一个是寻找更强的平台，获得学习机会；另一个是寻找新的可能性，获得发展机会。在场景赋能高的组织中，人才会选择在内部流动；在场景赋能低的组织中，人才会选择离开而到外部寻找新机会。现实中的人一定是流动的，我们要接受这一点，但同时也可以根据员工是选择内部流动还是外部流动检验企业组织场景的赋能情况。

工作场景赋能的核心是营造信任与合作的组织氛围

场景赋能最直接的形式就是从"命令—控制式"转向"赋能—授权式",其核心是人们在工作场景中能感受信任与合作,能安心付出,并愿意为他人做出贡献,换句话说,就是组织成员有合作的意愿。

在充满合作氛围的工作场景中,每个人都愿意帮助别人,因为彼此信任,人们能更轻易地展开合作并取得绩效;因为在良好的合作氛围中,个体更愿意尝试新东西,并由此释放出更大的价值。

相反,在没有合作氛围的工作场景中,每个人都不愿意主动付出,担心会遭受损失而不敢贸然行动。当人们担心其他人不愿合作时,他的表现会偏向谨慎而自保。在通常情况下,如果一项工作给组织带来的好处不会快速显现,大家对尝试新事物就会更加犹豫不决。因此,人们不会在这种情形下展示出自己最好的一面。

在工作现场与员工交流时,常会听到有人抱怨没有人愿意配合他做工作,或者抱怨常常被上司认定自己是不会改变的,等等。这些负面的语言透露的气息,让人感到工作现场存在的消极氛围,此时,员工的能量已经被损耗。遇到这样的情况,我会要求管理者尽量将现场氛围从消极转变为积极,氛围调整后,员工的能量也会提升,工作效果也会明显改善。

组织必须打造一个赋能场景，而不是工作场所或岗位。有些企业做得很好，有些企业做得不够好。在做得不好的企业中，职场只是工作场所，人们并不是带着愉悦的心情而来，而是不得不来。有时，我会问现场的员工，你今天来上班是什么心情？赋能场景中的企业员工会很愿意留在公司，他觉得公司令人成长；工作场所中的企业员工并不情愿留在公司，他觉得公司令人压抑，无法令人成长。后者显然无法取得优秀的绩效。

探讨今天的工作场景，关键词不是"命令"和"权力"，而是"成长""发挥创意""与时俱进"。我们一定要知道一个道理：组织不进步，就会耽误很多人。组织不进步，组织中的员工就如与世隔绝一样，他们会在不知不觉中被外部世界淘汰。我们必须努力，帮助组织成员和组织与时俱进，这是赋能场景要承担的责任。

管理层需要做好四个改变

实现从管控到赋能，需要管理层真正做出改变，否则它只能是一种理念，而非真实的组织管理现实。实现赋能，管理层需要做好以下四个改变。

- 给员工上课，让员工分享自己。
- 设置更多角色与岗位，给员工以更多成长机会和发挥价值的可能性。
- 授权并为员工配置资源。
- 有效沟通，陪伴成长。

第一，给员工上课，让员工分享自己。高管给员工上课是高效赋能的行为。一方面，高管的成长经历本身就是最好的示范；另一方面，高管对企业战略、行业和市场、企业组织文化、顾客价值的理解能直接帮助员工。这些既是被验证过的成功经验，也是企业最宝贵的知识系统。让员工分享自己，既是员工自我赋能的一种方式，也是为其他员工启发赋能的一种方式。

第二，设置更多角色与岗位，给员工以更多成长机会和发挥价值的可能性。这就要求组织打破层级结构，开放组织平台，规划新的岗位和角色，设立不同的晋升系统以及评价系统，让员工更容易找到适合自己的岗位或角色。

第三，授权并为员工配置资源。在实际工作中，没有资源配置，员工就无法发挥作用并取得绩效。有时，大家认为赋能是培训学习或辅导帮助，其实这仅仅是非常小的一部分。最有效的赋能是信任授权、匹配资源，让员工获得具体支持，这样他们就能释放出能力，获得优秀的工作结果。

第四，有效沟通，陪伴成长。曾有管理者问过我一个问题，为什么授权并为员工匹配资源并未取得好成果？原因是授权后，管理者不再与员工保持沟通，反而让其"自生自灭"。赋能的正确做法是，持续沟通，陪伴成长。

第九章

组织新结构：从科层固化到平台利他

组织结构是人们在组织内进行分工与协调的方式总和。组织结构一旦被确定，组织中的每个成员所承担的角色与职责就会被清晰地界定下来，同时成员之间的协调与控制也会被明确，这会带来组织效率的提升，并使组织整体工作效果获得提升。在数字化生存背景下，我们需要重新探讨组织结构的变化及对组织成员的影响。

科层结构及作用

组织结构设计，就是确定责任与权力的关系。典型的组织结构需要界定责任、权力、角色分工、资源分配、决策方式以及组织的协作结构等。

在进行结构设计时，一般情况下会考虑以下五个核心问题。第一，统一指挥，包括决策集中、权力分配、集权与分权、命令链条等。

第二，管控幅度，主要探讨管理跨度、复杂程度的问题。简单而言，就是一个管理者能监督多少名员工的问题。第三，工作专门化，是指工作任务的分工，探讨工作任务如何划分的问题。第四，部门化。专门化的工作分工会带来各自割裂的状态，部门化的设计可以协调专门化工作。最常见的部门化就是职能部门化。第五，正式化程度或正规化。高度正规化的组织中有明确的工作说明书、大量的组织规章制度，有对于工作流程的详尽规定，这也意味着员工自主权低。

在组织结构研究中，最受追捧以及被实践应用最多的是韦伯的理论。他提出的"理想的行政组织体系"包括以下三个主要的观点。第一，组织各个岗位的工作人员按照职权等级考试或培训，人员要能胜任这些岗位，而不是世袭；每个人必须严格遵守规则，没有例外。第二，行政组织的基础是法定权力。第三，组织结构主要分为三层：第一层是主要负责人，主要职能是决策；第二层是行政官员，主要职能是执行决策；第三层是一般工作人员，主要职能是从事实际的业务工作。

韦伯行政组织理论产生的历史背景正是德国企业由传统的世袭制转向大规模专业管理的时期。他从事实出发，展开社会学分析，并根据人类行为的特征提出了理性设计的原则。他认为权力是非个人的，必须在法律的界定下确定权力与职位。理想的组织应以合理合法的权力为基础。韦伯从组织效率出发，找寻影响组织效率的核心要素。他发现合法的权力是决定组织管理的核心，从而对组织效率产生决定性的影响。也正是从这种观点出发，韦伯强调组织体系中法律界定的权力划分，提出了官僚组织结构理论，该理论为社会发展提供了一种高效率、合乎理性的管理体制。韦伯的行政组织理论在今天依然支撑着很多组织的结构模式。

科层组织的主要结构是纵向、垂直的，每一层管理者都依赖于上一层管理者。这种结构设计会让参与者为了完成一个共同目标或任务联结在一起，这个目标或任务属于组织，与个人没有关系。组织可以由此创立及维护自己的目标和宗旨，确保组织中的每个人都能与组织保持一致。所以，科层制保证了组织的稳定性与一致性，使组织成员符合规范，理性而又严格地执行指令；各个层级以及职责划分清晰、明确，避免了组织之间、个人之间职责不清、互相推诿的现象。稳定的组织状态有利于组织管控以及绩效获得，科层制因此被广泛应用于工业组织、政府机构、工会、宗教机构等大型组织中。

等级与职责分明，命令与控制主导，决策集中与高度稳定，这带来了大规模增长。大型组织的出现让科层制主导了工业化时代的管理思想与管理实践。

科层制理性地解决了权力与责任的关系。在一个稳定的环境里，科层结构保障了组织的统一性，有助于组织严格按照标准、规则进行管理，对形成规模效应、提升成本竞争力以及稳定品质都有明显的促进作用。

科层制具有稳定的优势，但同时也会带来僵化的弊端。层级关系、决策权集中，使决策脱离市场一线；不同层级的不同想法使信息传递产生误差，由此带来的执行上的偏差将直接影响组织绩效；条块分割、部门保护在组织内部造成了边界限制；组织中的职权阶层为了保护自己的权威性，会固化层级与角色等。信息扭曲、权力僵化、小利益群体以及远离市场等不良现象，让企业管理者纷纷意识到科层结构带来的问题以及在今天的环境下所遇到的挑战。张瑞敏谈到的"上有政策、下有对策"的问题，我在管理公司时遇到的部门各自为政、屁股指挥脑袋的问题，组织中层和部门变成屏蔽门或阻隔墙的问题，都是科层制组织形式带来的组织弊病。任正非强调，要让听得见炮声的人呼唤炮火，旨在呼吁消除这些弊病。

在科层制组织模式中，权力过度集中于中高层管理者，基层管理者与员工几乎没有任何自主决策权，他们其实也希望打破层级，获得一定的自主决策权，这些问题不再是组织的"统一性"可以解决的。另外，组织并非处在一个稳定的环境里，无论是内部环境还是外部环境都处在动态之中。外部的不确定性以及内部成员的发展需求都要求组织机构具有多样性。平台化组织结构应运而生。

平台化及其价值

组织结构设计本身就需要平衡统一性与多样性、稳定性与灵活性。组织如果没有统一性和稳定性，就难以获得绩效；组织如果没有多样性与灵活性，就无法适应环境与组织成员的要求。

组织在成长的过程中会一直受到这二者的矛盾或冲突的影响，拉里·E. 格雷纳（Larry E. Greiner）对此做了深入研究，总结出组织成长的不同阶段以及所遭遇的困境（见图9-1）。

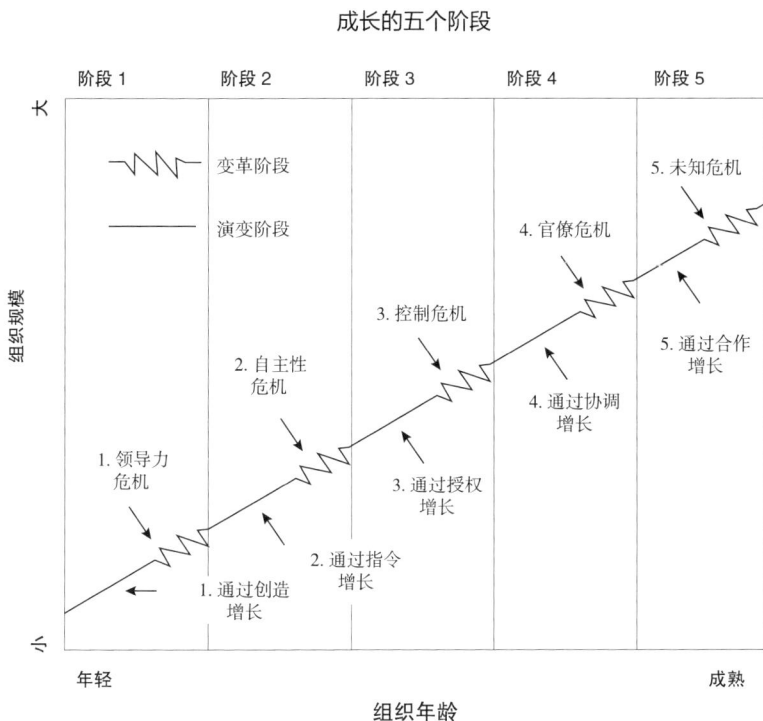

成长的五个阶段

图 9-1　组织成长的困境
资料来源：拉里·E.格雷纳，《组织成长过程中的变革和推进》
（ *Evolution and Revolution as Organizations Grow* ），1972。

如图 9-1 所示，在组织初期，危机只来自领导者本人；但是随着组织的成长，危机则逐渐变成来自组织结构本身，自主性、控制、官僚以及未知因素为处于不同成长阶段的组织带来了危机。面对这些危机，组织需要找到解决方式，否则就无法实现成长。

平台化管理的核心是整合统一性与多样性

为了解决组织成长所遭遇的困境，企业在实践中探索了很多不同的组织结构设计，从集权到分权，由科层制到事业部制、扁平化、网络型、阿米巴以及各种新形态的组织模式创新。

德鲁克曾说，未来的组织是有组织无结构的。在他的判断中，相对于科层制，新型企业组织会减少管理层，打破结构，更加扁平和柔性；组织结构划分从以职能划分转变为以任务团队划分，尤其是在知识工作者成为主体后，团队会成为组织结构的基本构成单元，改变以职能为基本构成单元的结构模式，使每个人都承担分享信息与知识的责任，而不再是单纯执行指令的人。德鲁克还预测，未来的经理人将不再是为他人和组织绩效负责的人，而是要对运用知识负责的人。

理解了德鲁克这个预测判断，就会被他对知识革命以及知识带来社会根本性变革的理解深深感动。创新高度依赖于人的主动性与创造力，这应该就是德鲁克所说的"经理人要对运用知识负责"的意义所在。

科层制之所以需要被改变，正是因为德鲁克指出的关键：科层制限定了组织中每个人的职责和权限以及可支配的资源及信息，直接导致了组织内部很难产生创新，组织成员很难有创新的可能性。

打破层级、让组织扁平化，既能给员工灵活发展的机会，又能让组织稳健成长，平台化管理因此成为企业的首选。数字技术发展让组织决策、分工、部门化、信息传递等协同得以实现。在技术的帮助下，组织有了更多的柔性化能力。平台化组织模式实现了整合统一性与多样性、稳定性与灵活性的设计。

平台化管理借助数字技术大大压缩了层级。不再受限于传统的组织
结构设计中的"管理幅度"原则,数字技术大幅度拓展了有效管理
的半径,10 万人的公司也只需要 4 个管理层级;信息传递与指令
发布都由技术系统完成,而不再依赖员工对层级的服从。层级压缩
对释放员工活力的作用非常明显,尤其是新生代员工,他们非常欢
迎这种组织设计。不受层级的约束限制,有机会获得完全不同的发
展机会,公平获得公司的信息分享,这一切正是新生代员工喜闻乐
见的。

阿里巴巴作为一家平台型公司,其组织发展启动于消费互联网时
代。相对于今天的产业互联网时代,虽同处互联网时代,但今天的
阿里巴巴也明显感到自己的组织管理体系架构无法适应技术的变化。
2015 年,阿里巴巴提出"组织中台"概念,开启组织转型工作。组
织中台的核心是让原有的内部垂直的、各自为政的事业部制找到协
同的模块,让中台开发共同的技术产品,对运营的数据进行沉淀并
加以统合分析以提供决策参考,使公司的决策更加靠近前台。

平台化管理带来的另一个改变是降低了职能及组织内部的复杂性,
帮助组织成员在组织内部获得更大的自由发展空间。忻榕等作者在
《平台化管理》一书中提出了平台化管理的"五化模型"并指出,数
字化工具帮助当下的公司在组织管理方面走向微粒化结构,使之可
视化进而可优化,而平台化管理就是对微粒化的趋势进行重构,以
升维、共赢的方式重新构建健康、可持续的生产关系。而包括关系、

能力、绩效、结构、文化在内的"五个转化",是实现从传统时代转型数字化时代的最佳工具。

忻榕等人所说的"组织的微粒化"可以被理解为组织变得更透明、更柔性化、更网络化,组织内部可以更容易裂变、分拆或重组。每个人都可能是独立自由的,根据任务与其他人组合或分立。谷歌所执行的"20%时间制"就可以被理解为组织微粒化的一个具体实践。

谷歌的"20%时间制"允许工程师利用20%的正式工作时间来研究自己喜欢的项目并可以为此组合不同的成员。谷歌的很多新产品就是在这20%的时间里诞生的,如谷歌新闻(google news)、谷歌地图(google map)上的交通信息等。对于谷歌的工程师来说,这20%的时间可以被用在任何地方,只要不妨碍正常工作即可。所以与其说这是一个时间的约定,不如说这是一个自由的约定。这项制度的实施的确依赖于信任的文化,但更依赖于组织的微粒化水平。

平台化管理也体现在流程重构中。在组织内部,绩效与个体的关系越精准、明确,结构柔性化就越能充分体现。数字技术使人与工作精准匹配从而更好地提升效率和价值。对组织成员而言,他们可以做更擅长的事情,也会因此体现出更高的工作热情、更好的工作绩效,这也是平台化管理组合统一性和多样性的价值体现。

平台化管理方式的本质是赋能与利他

平台化思维在本质上是一种赋能,是一种利他的存在,这一理解已经成为基本共识。这不只是理念层面的探讨，更是真实管理实践的结果。乔布斯曾介绍自己管理 NeXT 软件公司时采用的平台方法。他每隔 6 个月左右的时间就会组织工程师团队暂停手中的工作，全身心为 NeXT 平台制作应用程序。这一做法不仅构建了企业的生态，更重要的是让工程师对平日的工作产生了新的洞见。NeXT 平台在工程师利他的努力下，赋能了工程师自己。

谷歌在评价"20% 时间制"的价值时也有类似的感受。在谷歌看来，该时间制的确促进了新产品或新功能的诞生，但更重要的是，这让人们有机会尝试新的可能性并让更多人学习到新事物。在这 20% 的时间里，绝大部分成员都需要学习新知识，运用新技能才可以参与相应的新项目；他们还需要与自己不熟悉的部门、同事进行合作，这些都是对员工的挑战，自然也是一种赋能。

小米是一家运用平台组织获得高速成长的典型案例企业。2013 年，小米启动了生态链计划，不仅用投资为其他企业赋能，更运用自身的技术平台搭建分享平台，连接数以万计的开发者并帮助其创造价值，也连接了近万家研发机构共同开发顾客新价值。在该平台上，小米赋能相关成员，让每个在平台上分享的人或机构都能健康发展。小米的让利、分享、赋能和生态平台的组织能力，帮助小米以最短的时间成为世界 500 强企业。

小米的实践让我们自然地把平台化组织管理延展到企业外部。今天的组织管理还需要面对组织外部的协同效率问题。2018 年和 2019 年，我们分别出版的《共生》与《协同》两本书就源于一个基本的事实：

企业的发展与绩效越来越多地依赖于组织外部，企业也越来越多地把工作移到了组织外部。组织处在"无限链接"的空间里，因此组织管理需要探讨如何与组织外部成员共生的问题以及组织内外部如何协同以提高组织系统效率的问题。

领先企业也会用平台化来实现组织间的协同管理。腾讯把自己定位为"连接器"，其核心是想通过连接，帮助用户节约成本，提高与顾客对接的效率。到企业微信调研时，我们感受到了微信在连接赋能企业用户方面做的努力。企业微信致力于让企业用户在微信的技术平台上，获得更便捷的管理服务以及与顾客共创价值的通道，帮助企业用户在微信平台上做连接，扩大提效降本的空间。

协同实现价值创造

2015 年以前，阿里巴巴的组织结构和其他公司没有太大区别，还是较为传统的树状结构。2015 年以后，阿里巴巴开始尝试新的组织模式，随后阿里巴巴集团首席执行官张勇通过一封内部信正式开启了阿里巴巴组织机构重组。他在信中说："今天起，我们全面启动阿里巴巴集团 2018 年中台战略，构建符合 DT[1] 时代的更创新、灵活的'大中台、小前台'组织机制和业务机制。"从此，中台战略正式走上舞台。

---

[1] 数据技术（data technology）的英文缩写，是以服务大众、激发生产力为主的技术。——编者注

阿里巴巴的中台战略，从本质上讲，是一种反应更加敏捷、高效的组织形态，即以内部小前台去实现与外部多种个性化需求的匹配对接。首先，中台战略拥有的核心体系——共享服务体系，包含4个价值点：服务可重用、服务被滋养、服务助创新、服务敢试错。其次，为了保障与前台应用的协作，共享服务体系还设置了4个机制：紧密沟通机制、分歧升级机制、岗位轮转推动、业务持续沉淀及共建模式。最后，为了保证业务中台的有效性，对其的考核主要聚焦于以下4点：服务、业务创新、服务接入量、客户满意度，其比例分别为40%、25%、20%和15%，可见保障业务中台的服务能力稳定运行是各服务运营团队的关键职责。

阿里巴巴进行组织结构调整是为了帮助前台的一线业务更敏捷、更快速地适应瞬息万变的市场："中台将集合整个集团的运营数据能力、产品技术能力，对各前台业务形成强力支撑"[1]，更好地服务顾客。这种更扁平化的组织形态，业已成为越来越多企业进行组织变革时的选择。

阿里巴巴的组织中台战略掀起了新一轮企业组织重构的热潮，组织协同价值的重要性被高度重视。"金字塔"式的科层制组织结构正在被打破，新的赋能组织结构正在被需要、被构建。组织结构重组不再以企业为中心，而是以顾客需求和用户价值为中心。组织结构重组的结果是，组织员工有更好的热度、资源和能力去满足顾客的需求。

---

[1] 通信世界全媒体，"阿里发布业务平台解决方案 预计3年内将帮助业务提升10倍效率"。

那么，企业在组织结构重组时应该注意些什么？

- 能适应未来环境；
- 反映公司战略；
- 达成高效协同；
- 最根本的原则是以顾客为导向。

第一，组织结构重组要能适应未来环境。

组织发展离不开与环境的资源交换，制度、文化和社会要求等环境因素都会迫使组织结构做出改变。战略学者的研究发现，科层制的盛行不仅仅是因为其本质的科学性和效率性，也有很大一部分原因在于其他企业也采用了科层制。他们发现，企业如果自身不采取这种组织结构，将被社会认为不具备"合法性"，从而降低自身的生存能力和资源交换能力。出于相同的原因，今天的领先企业都在采用平台化的组织模式。在生态网络价值中，组织重构可以帮助企业进行与外部环境的资源交换。

第二，组织结构重组必然要反映公司战略。

在一般情况下，战略发生变化，组织架构也必然随之调整。从腾讯的发展中也能看到这一点。根据业务和战略的要求，腾讯的组织结构依次经历过职能制、多业务职能制、业务系统制及事业群制，这些组织结构的调整都是为企业战略服务的。正如著名管理学者艾尔弗雷德·D. 钱德勒（Alfred D. Chandler）所说："战略决定结构，结构跟随战略。"所以，结构调整并不是为了调整而调整，一定是为了配合战略而做出的改变。

第三，组织结构重组要达成高效协同。

共享化、去中心化、无边界化是组织结构重组的内在价值。组织结构更需要灵活性和非结构化。传统的科层制对环境及顾客需求缺乏较好的反应力与竞争力。化小单元、去中心化等能使个体被充分激活，组织因此重焕活力。在这一点上，很多企业都走在前面，如太阳能发电行业的领军者天合光能的"平台＋创团化"变革以及海尔的自主经营体等。

第四，组织结构重组最根本的原则是以顾客为导向。

组织结构重组为组织员工提供了服务支持、资源供给、价值评估与愿景激励，帮助员工更好地为顾客创造价值。在这样的组织结构体系中，信息流向不再是单向的或双向的，而是网状的；在功能表现上，组织建立起跨团队、跨部门的正式和非正式的联系，构建基于信任的目标共享体系，将通过实现高效协同来为顾客创造价值。

对管理层的三个要求

第一，秉持利他与共生的价值取向。

如果没有利他与共生的价值取向，平台化管理模式就很难被实施。因此管理者需要拥有一种共生连接的能力，连接上下游的合作伙伴，连接相关产业的合作伙伴，将其他产业、资本、顾客组合在共同生长的网络中。这一切均由"利他与共生价值"统合而成。共生价值与价值链（产业链）之间的根本区别是，前者注重共同成长设计，后者注重价值分配。在一个需要重新定义价值的环境下，共创价值才有带来价值共享的可能。管理者需要做到，从关注企业自身价值转变为关注产业伙伴和顾客价值，从关注组织自己的目标转变为关注组织相关成员的共同目标。

第二，坚持技术、信息与知识的共享。

组织平台化是组织管理模式的一种趋势，这种趋势依赖于数字化技术的诞生。平台化组织实现了企业间的跨界合作，是一种更开放的组织形态。企业之间通过信息交流与知识共享、技术建构与数据共享，形成了协同创新与共生发展。在一个技术驱动增长的环境下，技术、信息与知识正在重构社会及产业。通过技术形成的企业之间的价值网络，发挥着越来越大的作用。技术、信息和知识贯穿整个企业生态系统，驱动各个生态成员获得成长。平台化组织管理，既利于大型组织获得创新活力与灵活性，也利于小企业整合资源并贡献独特价值。

第三，保持开放性。

很难用一种结构图诠释平台化组织，它应该是一种有机模式。若想正确理解平台化组织，人本身就是最好的案例。人有着自组织系统，同时又不断与外界交流、互动，获得信息与交换能量；平台化组织也是如此，其自身就是自组织系统，同时不断与外界交互。平台化组织的形式是非固定的、动态的，可以重组解构，可以灵活调整。在平台化组织中，根据发展方向来协调组织内部是一个灵活组合的过程：围绕任务、目标和价值创造，可以构建多个团队，也可以取消多个团队，还可以协调组织外部成员，如供应商、顾客、同行、政府、社区等，实现生态价值。

管理实践中有很多平台化组织的创新模式，分布式、合弄制、星群式、分形组织、无边界组织等，这些新的组织形式都在探索平台化的组织管理。海尔的"人单合一"模式将员工变为创客，人人成为首席执行官。张瑞敏说，"人单合一"就是让员工的价值与顾客的价值直接相关联。我们相信，只要你保持开放性，你也会有你自己的平台化组织管理模式。

平台化组织管理模式是一种趋势，但并不意味着你一定要采用这种组织模式，因为组织还要服务于战略。如果你的企业并未采用平台战略，你的组织自然也不是平台化组织模式。但是，需要特别说明的是，管理方式平台化是一个必然选择，其核心是激发员工、产业伙伴和顾客，让组织内外部成员与企业融合在一起，彼此赋能、共同成长。

第十章
组织新能力：从分工到协同共生

微软现任首席执行官萨提亚·纳德拉（Satya Nadella）撰写的《刷新：重新发现商业与未来》一书中的一个情节给我留下了深刻印象。他为了让微软员工理解如何与强大的对手合作，在其竞争对手的年度销售会议上，专门在现场做了一个令大家惊讶的动作：他当着大家的面，从自己的口袋里拿出一部 iPhone。大家看到他的这个动作时都惊呆了，接着发出了阵阵笑声。没有人见过微软的首席执行官公开展示苹果产品，尤其是在一个竞争对手的销售会议上。苹果是微软最难对付和最持久的竞争对手之一。但是，当看到纳德拉在由苹果设计和制造的 iPhone 上展示微软的经典应用时，人们感到出乎意料甚至耳目一新，也因此理解了他的想法，微软有了同对手长期共存与竞争的意愿和能力，这激起了大家追求出人意料的伙伴关系的激情。

组织价值活动重构

这个情节之所以给我留下深刻的印象，是因为这正是我关注的组织新价值的来源。企业如何理解分工与协作、竞争与共生决定着企业能否获得价值成长。判断究竟是行业对手还是行业伙伴，也是我在过去几年间反复思考、研究的话题。只有解决这个问题，获得如纳德拉对苹果的理解，组织才会获得组织价值活动的新空间。

纳德拉带领微软展开业务价值活动的重构，他认为"每一个人、每一个组织乃至每一个社会，在到达某一个点时，都应点击刷新——重新注入活力、重新激发生命力、重新组织并重新思考自己存在的意义"。如果不做刷新，我们就是在自己淘汰自己。

企业已有的能力决定了其局限性

在《创新者的窘境》一书中，哈佛商学院教授克莱顿·克里斯坦森（Clayton Christensen）提出这样一个问题：为什么管理良好的企业会遭遇失败？他的结论是，这些管理良好的企业之所以经常遭遇失败，是因为推动它们发展为行业龙头企业的管理方法同时也严重阻碍了它们发展破坏性技术，而这些破坏性技术则最终吞噬了它们的市场。

他在此书中提出了企业能力的分析框架：资源、流程、价值观。资源包括人员、设备、技术、产品设计、品牌、信息、现金以及与供应商、分销商和客户的关系等最直观的因素。流程是企业在把资源转化为产品或服务的过程中所采取的互动、协调、沟通和决策的模式，包括制造过程、产品开发、采购、市场研究、预算、规划、员工发展和补偿以及资源分配的过程。影响企业能力的第三个因素是价值观。企业的价值观就是在确定决策优先级别时所遵循的标准。衡量良好管理的一个关键标准就是，管理者在机构内部普及了清晰、统一的价值观。

根据克里斯坦森的企业能力分析框架及其判断，我们就可以理解，企业已有的能力决定了企业的局限性。这也正是 IBM 陷入增长困境的主要原因。IBM 的确在战略上领先 10 年，但是为什么其"智慧地球"理念的市场表现不如亚马逊和谷歌，平台战略不如微软和苹果，甚至云技术应用也不如阿里巴巴？其重要的原因也许是 IBM 的组织没有能力应对所要面对的挑战，而依然基于自己原有的核心竞争力发展，按照擅长的系统流程、固有的分工开展工作，没有建立起新的能力，无法支撑新战略的实现。

所以我们只能接受一个事实：企业的价值活动必须跟随顾客价值的变化，跟上外部环境的变化脚步。当不确定性成为常态时，原有的核心竞争力可能是陷阱，依赖于分工所获得的组织稳定性也可能成为应对不确定性的障碍。

数字技术重塑业务活动，协同创造价值

我们已经了解了不少企业已有能力的局限性，而美的却以数字化转型走出一条打破局限性、获得新成长的新路。

美的无疑是国内最早使用信息化技术的制造企业之一。早在 1996 年，美的就开始运用企业资源管理系统（ERP）。随着业务的发展、技术的变化、环境的改变，美的发现其 IT 系统已经无法满足企业发展的需求。到了 2012 年，美的决定全面重构 IT 系统，开启了数字化转型，构建数字营销系统以及柔性化制造系统。2015 年，美的营收为 1384 亿元；2019 年，美的实现收入 2793.81 亿元，其增长之强劲更使美的在 2020 年迎来 6000 亿元的市值。而这一切正是美的运用数字化技术并全面构建企业价值活动所取得的结果。数字化转型与公司战略转型相辅相成，8 年间美的总投入超过 100 亿元，因此成为中国制造业中数字化程度最高的企业之一。

在美的看来，数字化是指企业价值链的数字化，是利用新技术对企业的所有数据进行分析、计算、重构以透视经营管理的全过程。在 2012 年之前，美的的组织流程以各部门管理为主，不同业务平台的流程定义与标准差异很大，无法实现贯通，整体运营效率自然也难以提升。在数据层面，系统之间的数据也无法贯通，无法从客户、供应商多个维度展开分析与赋能，组织内部几乎是一个个信息孤岛。

痛定思痛，美的决定启动"632"战略，即"在集团层面打造 6 大运营系统、3 大管理平台、2 大门户网站和集成技术平台。彼时，美的希望通过打造'632'，构建集团级的业务流程、集团级的主数据管理以及集团级的 IT 系统，其目标可以用'三个一'来概括：一个美的、一个体系、一个标准"[1]。

---

[1] 财经，"美的：八年百亿投资，数字化如何重塑家电巨头"。

"632"中的 6 大运营系统是指产品生产周期管理系统（PLM）、企业资源管理系统（ERP）、高级计划排程系统（APS）、制造执行系统（MES）、供应商关系管理系统（SRM）、客户管理系统（CRM）；3 大管理平台是指企业决策系统（BI）、财务管理系统（FMS）、人力资源管理系统（HRMS）；2 大门户网站和集成技术平台是指统一门户平台（MIP）、集成开发平台（MDP）。美的希望在此架构下，建立集团端到端的流程框架及统一的主数据管理体系。[1]

美的运用数字化技术，从顶层业务流程设计到系统架构，完全重构了组织的价值活动。如今的美的以"人工智能＋物联网"来提升产品数字化程度，给消费者提供更智能化的体验；着力推进工业互联网变革，推动自动化、智能化，实现全价值链的数字化经营，以数据驱动管理，推动业务向数字化持续深入的变革。

创新价值活动能力

在《超越竞争》一书中，我比较了两种经营假设。传统经营思考起始于这样的假设：价值是由企业创造的。通过选择产品和服务，企业自主地决定自身所提供的价值。新经营假设的核心是：价值由顾客和企业共同创造。这样的经营假设认为，企业需要从消费者出发再回到消费者那里，一切源于消费者的价值创造。企业经营假设的改变决定了企业价值活动的改变，这也要求企业拥有新的能力。

---

[1] 财经，"美的：八年百亿投资，数字化如何重塑家电巨头"。

新经营假设确定了企业的价值活动

我们曾与金蝶软件合作，探讨在数字技术背景下，人们工作方式发生的变化。在这项研究中，我们以迈克尔·波特（Michael Porter）的价值链分析法，分析在以企业为主体视角和以顾客价值为主体视角的情形下，企业价值活动分别是如何展开的。

以企业为主体视角，通过对企业主要价值活动进行分析，找到企业竞争优势的主价值链和价值支撑活动的分布，即可决定实现价值活动的组织管理系统。以顾客价值为主体视角，就要既关注企业内部的价值链，又关注企业之外的多主体价值链，以及多主体之间互动产生的价值。因此，商业价值活动的管理系统既要支撑内部价值链的活动，又要支撑外部价值链的活动。

诺基亚和苹果这两家企业的企业价值活动及能力完全不同。本书的第二章曾介绍过诺基亚的案例，其拥有与通信相关的移动技术，围绕自己的竞争优势展开价值活动，相信自己更理解顾客，更理解移动通信，更理解手机。诺基亚也的确在提升产品质量、满足顾客需求方面做到过绝对领先，市场份额最高时达到40%。但是，也正是诺基亚从企业自身的价值优势出发的企业价值活动，导致了2013年诺基亚衰败的结局。

苹果在乔布斯的带领下，以坚决维护顾客习惯为产品设计的宗旨，以顾客为中心，关注顾客的真实困境，理解顾客的价值追求。比如，他们曾问自己，如何帮助不能使用键盘输入法的顾客使用手机？如何帮助人们在日常生活中感受移动技术带来的价值？乔布斯所坚持的理念就是，电脑、随身听或其他产品，都应该成为人的自然延伸。为了真正帮助顾客，苹果决定联合更多相关产业的伙伴，为顾客创造全新价值。为此，乔布斯不仅让手机变成了智能终端，帮助人们更便捷地生活与工作，同时也创造了一种生态系统，实现了整个社会产业链的共赢。这个生态系统也帮助苹果成为市值超过万亿美元的公司。

新经营假设要求企业在开展经营活动时基于顾客价值，而不是围绕企业价值。企业一定要时刻审视自己，关注企业价值活动与顾客、环境、未来之间的关系如何。要保持与顾客、环境的互动，需要依靠企业与顾客、环境共生协同的能力。

高效响应，创造顾客价值需求

传统制造实现了成本、质量与交付的效率，其核心是标准化带来的规模优势。今天的价值活动需要围绕顾客价值展开，对于传统制造企业来说，需要解决的恰恰是个性化与成本之间的协同问题。如何在满足个性化的基础上降低成本？智能制造与数字化整合供应链成为解决之道。下面来看看服装业是如何做的。

报喜鸟选择智能化转型，运用工业互联网的数字技术平台，通过实现大规模个性化定制的方式，在个性化与成本之间找到一个平衡点。报喜鸟智能化工厂做到了一人一版、一衣一款、一单一流，实现了"个性化不降低品质，单件流不降低效率"。

在工厂端获得智能化转型的成功，得益于报喜鸟内外部的共生和协同。报喜鸟协同婚庆公司、咖啡店等，构建社会化的营销网络；从全国2万多家老裁缝铺中精选"志同道合"者；将部分店铺"留给"有意开创服装事业的大学毕业生，搭建创业平台让他们"拎包入住"；更在全国选取购买报喜鸟品牌服饰最多的客户，组建微信群，公司设计师也加入其中，以在新产品开发的过程中随时与客户沟通，听取意见，及时改进。报喜鸟用共生协同的方式进行全新的价值体系构建，这种价值体系彻底改变了制造端与消费端之间的价值分配和效率。共生协同既能实现高效响应并创造顾客价值的需求，也帮助报喜鸟获得了价值增长。

一家被称为最神秘的百亿美元时尚公司SHEIN一度引起人们的关注。2020年，SHEIN在6月内部会议上宣布销售额已过400亿元，2020年有望冲击千亿元。几乎同时，ZARA宣布2~4月收入几近减半、关店1200家。两家服装公司的数据在对比之下，更能显示出SHEIN的独特优势。

支撑SHEIN高速运转的核心是，从响应消费者需求回溯到供应链管理，每个环节都实现了极高效的协同。SHEIN对标的是ZARA。ZARA是快时尚的发明者，其创造的快时尚模式就是以最快速度响应消费者对时尚的需求。首先，ZARA解决了如何判断时尚元素的问题，创造了一种方法——虽然这一方法也让其官司缠身，但是其依然坚持采用这一方法。这一方法就是让设计师和买手在大品牌服装发布会上寻找和抓取流行元素，然后进行组合并加入自己的设计。依靠西班牙总部周边的工厂，ZARA最快可以在14天内将衣服制作完成送往门店；即使在海外市场，ZARA也将制作时间基本控制在

30~60 天，这些努力就是为了让 ZARA 的顾客率先获得时尚产品。

SHEIN 也选择了快时尚模式，但是拥有互联网技术、没有门店、完全线上销售的 SHEIN，几乎在每个环节都比 ZARA 更快。SHEIN 采用了数据跟踪系统，把各类大小服装零售网站的产品图片都抓取下来，总结当前流行的时尚元素，将之更快地融入设计之中。SHEIN 借助搜索趋势发现器（google trends finder）关注不同国家的热词搜索量及上升趋势，以判断流行元素。

为了确保供应链能支持快时尚需求，SHEIN 主动给工厂补贴资金，确保工厂做小单也不亏损。SHEIN 以及围绕在它旁边的数百家工厂，构筑了一个类似西班牙 ZARA 生产总部——拉科鲁尼亚小镇的产业集群，这是确保 SHEIN 实现快时尚模型的核心基础。

传统制造业面临着数字化冲击下的巨大挑战，但是报喜鸟和 SHEIN 在智能制造和数字化供应链管理上的实践，却向人们展示了一种全新的可能性，其带来的价值创造比原有模式更令人振奋。这两家企业运用数字技术实现柔性化制造以满足消费者的个性需求，它们重组了服装行业的价值活动，打破了传统组织形式，从供应链、制造端、产品设计、定制、分销、配送到消费端，每个环节都因为数字化而实现了完全不同于以往的效率。这些价值活动协同创造的全新价值，最终被传导到消费端，带给顾客全新的感受。

信息共享

我曾经是一家大型公司的首席执行官。工作中，同事更希望直接与我沟通，而不是通过正式组织渠道来获取信息；与公司的年轻人在一起时，他们强烈地表达了直接与我建立联系的愿望。因为在他们看来，与公司决策层面对面地沟通，会让他们有更多的机会展示自己的才能，更清晰地理解公司战略和方向。但是，我遇到的困难是，公司有 6 万多名员工，与大家都保持直接、有效的沟通，于我而言是一个挑战。在传统组织分工系统中，信息沟通逐层进行，信息不对称给管理效率和员工成长都带来了障碍。寻找信息共享的解决方案是组织管理中的一项重要任务。

要实现从分工到协同的转变，信息共享是基础，这种转变反过来也强化了共生协同的价值。一些公司会开放所有的内部会议，组织成员只要有需要就可以参加会议，这一设计的目的是让组织成员拥有了解公司内部所有信息的机会。这样做的公司，其内部往往也充满激情。因为信息对称本身也是一种激励和认可，组织成员会因此感到被信任并因此获得安全感，从而激发自身的积极性。

在组织中，人们总是关注信任关系的建立。信任感的来源之一就是对称信息以及平等、亲切沟通的氛围和组织形态。我一直欣赏那些能亲密无间地合作的团队，并不是因为团队成员之间的一致性，而是因为团队成员可以开诚布公地交换信息，这种交换本身就带来了对彼此的信任，这样的团队往往能协同完成在个人看来无法完成的任务。这些组织的最大特点是充满活力，每个成员都能贡献各自的价值，分享与目标相关的所有信息；大家在一起共同探讨，展现各自的能力、天赋和资源。我也曾经在这种组织中感受协同共生带来的组织魅力。

在内心深处，每个人都渴望获得对称的信息，希望了解组织内发生的一切，期待进行坦诚交流。在传统组织管理中，为了确保组织的职权划分，并有效地利用资源稀缺性，信息交流本身被赋予了权限。因为层级结构，成员无法真正平等地沟通、对称地交流。

从分工到共生协同，其给组织成员带来的好处首先体现在信息共享上。数字技术平台实现了即时、有效的信息共享，文件共享、社交网络信息等大量协同信息的共享，在数字技术的帮助下变得非常便捷；钉钉、企业微信等协同工作平台的出现，也在帮助组织成员高效地获得共享信息和其他组织成员或资源的支持，组织成员的创造力得到了进一步提升，个体也有机会表现价值创造能力。

信息共享不仅带来了组织内部成员的价值释放，而且对组织外部成员的协同共生价值也有着不可或缺的作用。宝洁公司对外部共享信息因而获得协同价值，利用外部科学网络产生了35%的新产品，而几年前这一数值还是20%。外部协同创新使宝洁公司的每位研发人员的个人研发新品销售量增长了40%。Linux通过在线通力合作，使世界各地的程序员开始自愿加入，其参与的源代码开发项目已经超过10万个，传统软件因此受到挑战。拥有千万个活跃用户的阿里巴巴，通过共享信息创造了"自助"的模式。这些新价值创造在共享信息、共生协同的组织系统中蓬勃涌现。

管理层应该率先做出改变

组织要实现从分工到共生协同的转变，运用数字技术是基本要求，除此之外，管理者自己应该率先做出改变。

第一，拥有全新经营观。

企业的核心价值观必须体现全新的价值追求，即围绕顾客价值展开经营活动。德鲁克一直在提醒管理者，企业面临空前的挑战，因此必须以明确的经营假设制定和宣传战略，激励员工和合作伙伴，从而让他们具有明确的共同目标和方向。

管理层需要帮助企业明确新的经营假设，重新定义企业价值；需要带领组织真正理解顾客以及顾客价值，确保企业核心价值观能与时俱进；需要从根本上解决与顾客的关系问题，确保在共同价值体系中与客户直接对话，有效构建与组织内外部成员的生态系统，确保企业真正融入生态系统。构建生态系统是对每一家企业的挑战，同时也是企业必须应对的挑战，否则企业就会像恐龙一样难逃覆灭的厄运。

第二，组织要形成基于变化的思维逻辑。

我把这种思维逻辑称为组织思维惯性。组织和人一样，是有思维惯性的。

组织要拥有这种基于变化的思维惯性，就要不断理解到底什么要素在影响组织的发展，组织是否愿意为此付出和调整。

在日常的组织管理工作中，这样的讨论并不多见，管理者更习惯于讨论企业的关键绩效指标（KPI）和组织内部产生的问题。如果想要让组织适应外部变化，让组织支撑企业的新经营假设，管理者就应该认真讨论那些引发变化的因素，讨论与客户相关的服务、遇到的挑战以及如何创新的问题。

事实上，没有永恒的成功经验，组织要用变化的眼光来看待自己的成功经验。组织处在一个变化的世界里，外部的每一个变化都可能影响组织本身。技术、同行、员工、市场等，围绕组织的各种因素都在变化之中，组织必须拥有基于变化的思维逻辑，否则就无法跟上变化的步伐。拥有基于变化的思维逻辑的企业，不会在意自己的对错、得失，而在意变化带来的可能性，这可以帮助企业与组织内外部成员协同并持续创造价值。

第三，成为"无为"的领导者。

"无为"的领导是"共生型组织"的四重境界之一。打造共生型组织，需要领导者采用"无为"的领导方式，牵引和赋能组织相关成员，为顾客价值创造达成跨领域合作。

我深受《道德经》"无为"概念的影响。"无为"并不是什么都不做，而是要引导大家，让大家有所作为。比如，主持人是会议中的领导者，那么怎样才是一个好的主持人？就是"无为"的主持人。一个"无为"的主持人会尽量做到让每个发言人都感到顺畅、可以充分表达自己的观点，这就是一个好的主持人。一个"有为"的主持人，总是要突出自己，对每个发言人都加以评价，占据较多的发言时间，这就不是一个好的主持人。"无为"并不是什么都不做，而是因为你"无为"，其他人都能有所作为。

这就是"无为"的领导者的含义。管理者要让组织成员相信共生协同会产生价值，就要构建有效的价值网络，向其他成员分享信息，提供信息共享平台，激发组织成员的创造力，并为组织成员发挥价值创造平台和机会。此时，管理者就需要成为"无为"的领导者。

第十一章
组织新目标：从实现组织目标到
兼顾人的意义

组织为目标存在是组织最基本的属性。在组织整体设计中，人是构成组织的一个基本元素。组织把人与其他资源组合在一起，是为了实现组织的某个目标。在这个意义上，在实现目标的过程中，人的集合就是组织本身。所以，威廉·怀特（William Whyte）写道：人在组织中，只是为组织而工作的人，被称为"组织人"，"誓言要过组织生活的人，他们是我们那种伟大的自我延续体制的精神和灵魂。他们中只有少数人算是或者能成为高层管理人员……他们中的绝大多数人都注定要在中层度过一生，日复一日地耐心等待一个能让他们满意且听上去不错的头衔"。看到这段文字时，我的内心很是感慨，甚至有点难过。如果组织的存在导致人们只能成为"组织人"，组织真的可能已经出了问题。

组织中的两个价值

这段文字让我不觉想起卓别林的《摩登时代》。这部短片无声地诉说着人变为机器的悲哀。时代发展到现在，个人自我意识追求更加明确，新生代员工不会再致力于成为"组织人"，他们会成为自己想成为的人。组织如果不做出改变，依然要求人为组织工作、为实现组织目标工作，那么新生代员工、有创造力的个体则很难和组织集合在一起。所以，我们认为，今天的组织管理必须从实现组织目标转向兼顾人的意义。面对今天的组织管理，管理者需要关注两个价值：

- 组织绩效目标；
- 人在组织中的意义。

在传统的组织管理中，管理者只需要关注绩效目标的实现即可，因此组织结构设计、资源分配、流程规划以及激励体系，都围绕目标展开。在组织系统中，个人与组织的关系是一种单向的关系，个人服从组织目标且必须对组织目标有价值贡献；很多时候，组织为了实现目标，常常会忽略个体的需求。

20世纪二三十年代，美国行为科学家乔治·梅奥（George Mayo）等人在美国西方电器公司开展了长达九年的霍桑实验，随后在《工业文明的人类问题》一书中提出了"人际关系理论"，否定传统管理理论对个人因素的忽视；他们强调不能把人当作工具，应该将之视为社会系统的有机构成部分，更要关心人的心理需求。霍桑实验关注的就是组织中的人的问题。大工业时代为了获得高效率，组织把人变成机器，带来了人的异化。梅奥提出人际关系理论，以解决人的异化所造成的管理困境。

人的异化带来的危机，普遍存在于各种组织中。威廉·大内（William Ouchi）在《Z 理论》一书中探讨了另一种情形，认为书中分析的大部分美国企业是 A 型组织。A 型组织存在以下主要特点：评价和升级迅速——绩效考核期短，员工得到回报快；所走的专业化道路，造成员工过分局限于自己的专业，对整个企业了解很少；控制明确；个人决策与个人负责不利于激发员工的创造精神、进行创造性工作，等等。这种组织管理虽然能在短期内带来高绩效，但是员工处于被动服从地位，无法与组织共同发展，结果一定会导致企业竞争力的丧失。而 Z 理论认为，一切企业的成功都离不开信任、微妙性与密切的关系，因此主张以坦白、开放、沟通为基本原则来实行"民主管理"。威廉·大内研究日本企业快速发展的原因时得出以上结论，他探讨 Z 理论的目的就是强调企业要关注人，而不是一味追求绩效目标。

近百年来，伴随着工业革命的进程，组织越来越关注人，但是组织管理依然以实现绩效目标为最终的价值判断。激励理论、人力资源理论以及随后发展的人力资本概念，都在强调组织中的人的价值释放，但是组织依然以目标为中心、以绩效为导向，管理层还是习惯性地要求个体服从组织。现实也表明，服从带来的稳定性创造了更高的组织绩效。

如前文所述，人们的选择已经不再局限于一个城市或一个组织，而更愿意尝试新行业、新组织、新工作和新生活，这些都导致员工的忠诚度下降。面对这样的情况，管理者既要理解人们自身的需求特征，又要有能力留住员工，提升组织凝聚力，获得员工对组织的认同。

除此之外，组织还要意识到，知识和数据是个人与整个经济的主要资源，土地、劳动力和资本等生产要素虽然依然在起作用，但是已经不再是核心要素，而拥有知识的人让传统生产要素转移和聚合。组织不仅需要关注个体的变化，而且需要理解知识与数据的价值，并有能力融合知识与数据，也就是融合拥有知识的人。

今天，组织目标的实现越来越依靠组织成员的创造力。强个体的出现强化了个体对组织的影响。因此组织管理中就需要增加一个价值，就是让人在组织中有意义。

只有让人在组织中有意义，才可以解决组织创造力的问题，解决组织真实效率的问题，解决企业与顾客在一起的问题，也就是解决组织目标实现的问题。否则，组织可能就会在不断变化的环境中被淘汰。

不过，要让人在组织中有意义，需要特别注意两个现象：人浮于事和虚假忙碌。移动与数字技术加快了工作节奏，扩大了人们的工作范畴，提升了个人独立控制时间的自由度，人会变得更繁忙，有价值的活动变得既稀缺又极为重要。为此，我们更需要解决人浮于事和虚假忙碌的问题。

解决之道是，在强调个人独立与自我价值实现的同时，明确认知责任，确保个人的价值创造与组织价值合二为一。如果只是强调个人价值而不关注组织的价值，每个人都只在创造自认为的价值，此时就可以被确认为人浮于事。在移动数字时代，碎片化是一个明显的特征，很多人认为把碎片化时间用好可以创造更大价值，这在个人的日常生活中也许是对的，但是对于工作价值创造而言，专注才更有价值；而工作碎片化则有可能是虚假忙碌的表现，需要加以管理。

激活个体和组织

组织既要实现目标，又要兼顾人在组织中的意义。这对于个体和组织都是新挑战。我分别在 2015 年、2017 年出版了《激活个体》《激活组织》两本书，主要是为了探讨在数字技术背景下，如何更好地将强个体与组织融合在一起，实现组织与个人的价值。

激活个体

激活个体的关键是建立新管理范式，"一种以共享价值为基础的新的范式……在这种新的范式中，有关个体价值的创造会成为核心，如何设立并创造共享价值的平台，让组织拥有开放的属性，能为个体营造创新氛围，则成为基本命题"。

这种改变对个体和组织都会造成压力。个体不能忽视组织，需要对组织目标给予承诺；组织不能忽略个体，不能简单地要求个体服从组织，需要用全新的方式调整组织的管理，为让个体目标和组织目标保持一致而做出明确的界定和设计。

就如某家企业将愿景设定为打造世界级企业，我和管理层讨论这个愿景可能无法获得员工的完全认可，因为设定的组织目标与员工自身没有直接关联。后来我们把愿景改为"打造世界级农牧企业和美好公司"，对美好公司有三个界定：一是奋斗者收入倍增；二是学习成长平台；三是内部事业合伙人。组织愿景调整后，企业呈现了强大的组织活力。

激活个体就是要创造一种共享价值的管理体系，使个体价值与组织价值整合在一起。组织如果不能设定包含个体价值的组织目标而只强调组织价值，就无法吸引优秀人才，也就会失去组织活力。

激活组织

华为创始人任正非说："我是在生活所迫、人生路窄的时候创立华为的。那时我已经领悟到个人才是历史长河中最渺小的。我深刻地体会到，组织的力量、众人的力量，才是力大无穷的。人感知自己的渺小，行为才开始伟大。"

在他看来，组织的力量、众人的力量是力大无穷的。"也许是我无能、傻，才如此放权，使各路'诸侯'的聪明才智大发挥，成就了华为。"任正非认为，华为有今天的成绩是因为"15万员工[1]以及客户

---

[1] 截至 2019 年年底，华为员工达 19.4 万人。

的宽容与牵引"，而他不过是"用利益分享的方式，将他们的才智黏合起来"。作为企业创始人，任正非没有将自己放在组织顶部，而是通过赋能和放权，托起整个组织，并利用组织的整体力量成就华为。

腾讯也相信并依赖组织的力量。腾讯坚持"合作是一种能力，而不是简单的用户流量"。为了激活组织，腾讯在内外部打造了开放生态，让内外部的研发团队处于相同的竞争环境中。即便是外部竞争者也可以成为腾讯的合作伙伴。腾讯对内外部伙伴共享平台资源，开放自己的用户数和关系链，对此有评论认为，"腾讯把自己的半条命都交给合作伙伴了"。

但事实是，这"半条命"换来的是合作伙伴的"整条命"。我们曾到企业微信的外部客户处调研。在走访每一个客户时，我们都能感受到这些客户对腾讯的认同，他们在与腾讯绑定后都获得了更多机会和资源。在他们看来，失去合作，就失去了与自己的用户连接的机会，因此与腾讯成为命运共同体是他们的自然选择，而腾讯也因此获得发展。

激活组织的关键是建立命运共同体。达成命运共同体，需要做出7个方面的改变，详细的内容可以参见《激活组织》一书。下面我换个角度来探讨这个话题。

构建组织生态网 构建产业或行业生态网络，渐渐成为人们的共识。在组织内部构建生态网络，同样开始成为组织管理的方式。在生态网络中，组织内的部门之间、组织内部与组织外部、管理者与成员之间、组织成员与顾客之间、组织与利益关联者之间，每个成员都有价值贡献，都能促进彼此成长。组织生态网的构建就是在为每个成员赋能。

激励创造价值而非考核绩效指标 激活组织需要改变激励的导向，要激发、创造价值，而不是考核、评估价值。组织管理的主线是：价值贡献—价值评估—价值分配。如果企业僵化地运用组织管理的这条主线，就会导致关注考核重于关注价值创造的情况。人们围绕考核绩效指标开展工作，而不是围绕顾客价值开展工作；人们关注考核指标结果，而不关注价值贡献结果。这直接导致组织被固化在考核体系中，没有人关心顾客，也没有人真正进行价值贡献。组织在这样的状态里是无法真正被激活的。因此，激活组织就是要激励价值创造，而不是只为完成绩效指标。

信任与透明的文化 激活组织需要有明确的文化支撑，其最显著的特征是信任与透明。任正非持续打造命运共同体的华为企业文化，并且员工对华为的信任使华为企业文化成为生生不息的力量源泉。又如腾讯打造的生态伙伴网络，用马化腾的话说，就是无疆界、无边界的共生合作。这两家公司的坚持都取得了显著成效，这些正源于其在组织内部和组织外部建立信任与坚持信息透明，这也是一个有活力的组织文化的特征。

我常常用两句话来描述现在的时代，一句是："这是一个英雄辈出的时代"。我们要相信个体力量强大，尊重个体，激活个人。另一句是："这是一个集合智慧的时代"。相对于个体而言，组织能提供更大的可能性。再强大的个体，也只有在强大的组织平台上，才能变得更加优秀，释放更大价值。

最后，组织与组织中的每个成员都要始终关注组织生存的要素，要保持危机感。危机感会让组织机体和组织成员保持对外部刺激的敏感性，保持一种常态下的警惕和临界状态。这种感觉和状态会让组织始终年轻而有活力。

激活组织成员的创造力

无论技术与环境如何改变，组织管理的核心问题其实是不变的，就是平衡个体与目标、个体与组织、组织与环境、组织与变化这四组关系。虽然核心问题没有改变，但是当下的组织管理的确与工业时代的组织管理有很大不同。造成这种差异的原因是组织绩效来源的改变，影响绩效的因素由组织内部转到组织外部，外部的不确定性使组织绩效的实现在本质上来自应对变化的能力，而不是由已设定的资源和规划决定的。

过去，企业可以按照线性增长的逻辑设定组织目标，但是在今天，线性增长的逻辑不复存在，企业会遭遇跨界挑战。那些从未在这个行业出现过的企业借助数字技术跨界发展，用完全不同的游戏规则，为顾客创造了意想不到的价值，也因此获得几何倍数的增长。

组织目标设定显然已经变得更加复杂、更具有挑战性。人们认识到，创造未来比预测未来更重要，拥有创造力的组织才有能力实现组织目标，才能驾驭不确定性。

组织驾驭不确定性需要依靠组织成员持续发挥的创造力。改革开放40多年来，中国企业的成长在很大程度上依靠的是企业创始人的创造力。企业创始人有韧性，充分体现了企业家精神，他们克服一个又一个挑战，引领企业，超越变化，成为行业先锋。

随着组织的发展，一个人的智慧、创造力、韧性、企业家精神，很难再帮助组织面对外部环境的巨大变化、应对复杂性和不可预测性。这些根本性的变化需要组织中的所有成员具备创造力、韧性以及企业家精神。因此，组织管理的职责转向激发组织成员的创造力。

员工与组织共享价值

兼顾组织绩效目标与人在组织中的意义，需要建立员工与组织共享价值的平台，涉及三个价值：员工的价值、工作的价值、企业的价值。

第一个话题：员工价值定位

我曾和一些新生代员工交流、探讨个人价值问题。在他们看来，个人价值包括职业发展、生活方式、待遇满意程度和可接受的工作强度与节奏。在工作价值中，他们更在意工作是否具有自由性、独立性、刺激性、挑战性；更在意自在感和幸福感，以及能否与自己欣赏的老板共事。同时，公司价值也涉及多个方面：具有令人鼓舞的使命、价值观与企业文化；善于发展，具有刺激性与挑战性；业绩强劲，具有行业领导地位；拥有很多优秀人才，同事关系融洽，工作有保障。从个人价值、工作价值与公司价值三个维度去看，人们的自我意识变强，希望工作与生活平衡，对公司有极大的期待，并渴望成功。

我把这三个价值总结为：创造出伟大的公司被称为企业价值；生产出伟大的产品被称为工作价值；创造出伟大的公司、伟大的产品的人，能享有美满的人生，这是员工价值。如果这三个价值一致，组织就是"员工与组织的共享价值"平台。在此平台上，员工价值追求与组织价值追求相融合，员工释放出创造力。

第二个话题：员工与企业的契约

员工与企业之间存在三种契约关系。第一种是大家熟知的经济契约。这是一种员工与企业之间基于利益互换的关系。比如员工关心薪酬、奖金、激励、股权及各种福利等，企业关心员工的能力、付出及绩效承诺等。经济契约常常以法律的形式被固定下来。

第二种是社会契约。这是一种员工与企业之间基于社会责任、义务和交往需要的关系。员工和企业在本质上都存在于社会之中，都在与社会的交往中获得基本认同，许多有价值、有意义的事情都是在工作的社会关系中被创造的。那些承担了社会责任的企业往往更容易获得员工的认同感。

第三种是心理契约。心理契约在本质上是一组期望，是员工与企业之间心照不宣的默契。员工和企业彼此期望得到的结果如果是一致的，那么相互之间就会产生良好的合作关系，员工对企业的忠诚度高。但是，如果员工对企业的期望落空了，就会引发冲突，结果可能是员工懈怠，甚至离职。

新生代员工在与企业的契约关系中，很可能更在意心理契约，对心理契约的感受强过经济契约。他们对企业的期望和自我的期望都比较高。他们可能首先不与企业谈经济契约，而是探讨如何改变世界，如何颠覆行业。当他们觉得企业无法满足自己的期望时，就会很快感到失望并选择跳槽。

所以要建立一种完整的契约模型，这个模型要兼顾企业利益与员工利益，兼顾的桥梁是契约。员工与企业如果能实现这三种契约，就一定可以找到员工与组织之间的共享关系。

第三个话题：分享设计

构建员工与组织共享价值的平台就需要分享价值设计的方案。针对这个部分，华为做得尤为突出。多年前，华为高级顾问田涛介绍华为分享制度设计的经历，给我留下了深刻印象。华为分享制度实验在其创业早期就已经实施，第一个制度实验是"财富分配"，即"劳动者普遍持股制"。任正非很早就很明确地提出：劳动者要先于、优于股东分享公司的发展成果，"财聚人散，财散人聚"。华为股东构成结构中，任正非只占 1.4%，华为 8.45 万员工占 98.6%。员工持股计划帮助华为走出了自己的一条以智力资本驱动成长的路。

华为分享制度的第二个实验是"权力分享"，我觉得这个设计非常好。在通常情况下，企业很少考虑这个设计，但是任正非认为，华为不是一个人的故事，而是华为所有知识工作者的故事；如果这是十几万知识工作者的故事，就必须有十几万知识工作者的权力开放和责任担当。在华为看来，任何一个责任担当都应该有一个权力去匹配。权力分享设计就是要做好这件事。权力分享设计让每个华为人都认为自己肩负着公司的使命和愿景，也由此回答了什么叫"以奋斗者为本"。

华为分享制度的定义是以奋斗者为本。共享准则就是奋斗者、贡献者共享财富、权力和成就。分享制度设计帮助华为在不断变化的环境里，始终围绕服务客户的奋斗者开展工作，这一切归根结底是以客户为中心。合作—共享制度实验，让华为与利益相关者共赢，股东、劳动者和价值生态圈形成共赢体，驱动华为获得了 30 多年的持续高增长。

管理者要做好四件事

人在工作中的意义从哪里来？随着数字技术、智能技术的深入发展，以深度学习为核心的人工智能被应用到各个领域，使一些工作被人工智能取代。此时如何获得人在工作中的意义，是对管理者更大的挑战。从实现组织目标到兼顾人在组织中的意义，管理者至少需要做好以下四件事。

要有为组织成员描述愿景的能力

人在工作中感受到的意义来自他们在一个更广阔的价值感中。让组织成员理解公司的愿景，可以帮助员工获得这种价值感，从而帮助他们感受工作的意义。因此，管理者要有为团队成员描述愿景的能力，有能力把梦想嵌入公司并获得大家的认同。

要让组织里的每个员工看到更优秀的事物

只有让员工看到更优秀的事物，他们才可以不断地成长。了解更优秀的事物，会牵引人们朝着更好的方向努力。员工知道了怎样才是更优秀的，才可以变得更优秀。

要不断提升员工的认知水平和认知能力

重新认识这个世界并创新意义与价值，要依赖于员工的认知水平和认知能力。例如，战略需要寻求共生合作，这就要求员工不要关注竞争对手是谁（因为在新的认知里没有竞争对手），而要知道与谁合作。员工需要有进化的认知能力而不是预测的认知能力，这样才能动态应对变化。不同的认知能力决定了这家企业对行业终局的理解。以个人计算为例，如果把个人计算界定在个人计算机上，终局就是个人计算机公司的结局；如果把个人计算界定在算法上，重视由算法带来的广泛应用和无限想象，终局就是亚马逊、微软、阿里巴巴、腾讯与字节跳动所释放的巨大空间。因此，认知水平和认知能力决定企业的终局。

要做好员工期望管理工作

员工期望管理是激活组织与激活个人中需要特别关注的内容。员工期望主要包括自我期望与组织期望两部分。实现组织目标兼顾人在组织中的价值的最简单的方式就是使员工自我期望与组织期望相一致。为了实现这一点，管理者需要承诺做到以下三点。

第一，共同为员工找到合适的岗位。

管理者要和员工一起找到适合的岗位，而不是由组织单方面确定他的岗位。对于新进员工的管理，人力资源要做的工作和以前不太一样。招聘在以前可能很重要，但在今天，让员工找到合适的岗位很重要。我在公司任职时，会为新入职的员工设定一个一年计划。在入职的第一年中，新员工可以在公司多个岗位实习，最后和组织一起确认他所选择的正式工作岗位。这个环节的设计可以让新员工在入职的第一年就有机会找到适合自己的岗位并因此快速成长。

第二，要兑现承诺。

管理者所做的承诺也是公司的承诺，承诺了就要兑现，这是建立信任的基础。在现实的管理工作中，员工因信任所产生的绩效和创造力比其他任何方式的激励都要大，甚至可以说，信任是最大的激励，其中，授权是关键的承诺。

第三，帮助员工取得绩效。

德鲁克在探讨员工绩效这个话题时，认为员工的绩效是设计出来的，我认同这个观点。把员工放在合适的岗位，给他足够的资源，充分授权并陪同他成长，他一定会取得绩效，这是管理设计的过程，员工期望管理在其中也有所体现。

VALUE
SYMBIOSIS

Organization Management
in the Digital Age

VALUE SYMBIOSIS

知识就意味着从整体人格的角度获得的智慧。

——野中郁次郎

第五部分

新知识

第十二章
知识革命与组织学习

在数字化时代，各领域都发生着根本性的变化，其中最需要组织管理者理解的是有关"知识革命"的变化。我认为这主要体现在两方面：第一，知识已经变成了生产力要素，知识所产生的价值已经渗透各个领域；第二，知识不再是名词，而是动词。

我们已知的、有关知识的名言是：知识就是力量。今天，这句话似乎正在变为：知识就是命运。

知识定义的"源与流"

为了真正拥有知识，我们先来理解知识的定义。知识是一个广泛而抽象的概念，有关知识论的探讨，可以追溯到古希腊时期。在如此早的时期，就有很多哲学家开始提出有关知识的问题。人能否认知？人如何认知？人的认知所能抵达的有效范围和程度是什么？真理及其标准是什么？

知识的定义

苏格拉底问泰阿泰德"知识是什么"，泰阿泰德想了想说："我想，说某人知道某事就是觉察到他知道的事情，因此，就我现在的理解来说，知识无非就是感觉。"

这感觉到底是什么？

这一思想最早出自柏拉图的作品，柏拉图认为知识是"得到确证的真的信念"（justified true belief，JTB 理论）。苏格拉底指出"德性就是知识"。德性即知识，无知便是恶。最高的知识就是对"善"这个永恒、普遍、绝对不变的概念的认识。泰阿泰德提出了"知识是知觉"的著名命题，因为知觉是因人而异的，所以普罗泰戈拉又提出了"人是万物的尺度"这一更为著名的命题。

野中郁次郎认为，"知识与信念和承诺相关"，不能只对知识做尺度衡量，还可以能动地去创造。知识通过知识拥有者和知识接收者的信念模式与约束条件来传递、组织和创造；知识还是一种获取信息的条件，有隐性和显性之分；在怀疑论哲学中，阿格利帕认为"我们没有任何知识"。

对知识的理解，有很多完全不同的视角，知识的定义既具体又抽象，因其在某些情况下是一种感觉，似乎也很难描述。我选择了德鲁克为知识下的定义，在他看来，"知识是一种能改变某些人或事物的信息，这既包括了使信息成为行动的基础方式，又包括了通过对信息的运用使某个个体（或机构）能力进行改变或进行更为有效的行为的方式"。我们可以凭借这种感觉理解知识，并将知识定义为一种增强实体有效行为能力的合理信念。

三个核心概念

理解知识，需要区分三个核心概念：数据、信息、知识。

1．"数据"

普遍的观点认为，数据是未被加工的数字和事实。很多时候，人们认为数字可以说明一切，但是事实并非如此，数字只是数字而已，数字是事实，但是并不能说明什么。比如，一家公司今年的销售额特别好，比去年增长了60%，按道理来说这是值得称赞的。但是，我却和这家企业管理层探讨，60%的增长是否有意义。因为企业的增长还需要放在行业和市场中衡量。真正重要的是，企业的增长需要超过行业平均增长率。当管理者看到行业平均增长率为68%时，他们意识到，60%的增长率并不值得骄傲。

增长60%是一个数字、一个事实，但是并没有完全说明增长的意义。如果不对数据进行加工，数据对做决策的帮助就是有局限的。以自己预设的偏好根据数据做决策，只会害了自己。因此，我们需要在数据的基础上，进入下一个概念：信息。

2. 从"数据"过渡到"信息"

信息是处理过的数据。信息之所以能作为决策的依据，正是因为其包含了对数据的处理。我曾去一家企业调研，该企业领导者介绍，自己的企业是行业第一。我问企业领导者：保持第一的位置多久了？他说，12 年了。我接着问：企业的增长如何？他说，最近 5 年没有增长。我继续问：12 年第一，5 年都没有增长，其意义如何？我希望和这家企业在这个问题上展开深入讨论，以此厘清问题所在。这就是如何对待信息而不是数据的问题。

"12 年第一"这是一个数据，"5 年没有增长的第一"这是一个信息。如果只是关注"第一"这个数据，而没有关注"没有增长"这个信息，再过一段时间，这家企业就会失去第一的位置，这才是令人担忧的地方。记住，不能停留在数据里，而要过渡到信息中，信息是处理后的数据。

没有经过加工的数据，是没有办法成为价值判断的依据的。数据经过加工成为信息，才可以帮助我们展开价值判断。不过，这还只是第一步，如果需要深入地解决问题，就需要继续向前推进，由信息过渡到知识。

3. 把"信息"内化为个人的"知识"

知识是由对信息的鉴别、判断而产生的，知识是鉴别过的信息。一个人拥有信息，是不是就拥有了知识呢？答案是否定的。

想要拥有知识需要经历三步：第一步，找到客观数据的真实来源；第二步，对其进行加工处理，使其成为信息；第三步，做出个人判断与鉴别，最终形成个人的相关知识。只有经历了这一过程，你才可以讨论并拥有知识。

在信息过载的背景下，最大的挑战就是有效区分信息和知识。应对这个挑战，需要回到知识的定义中所提到的"知识是属于个体的"内涵。知识与事实、程序、概念、解释、思想、观察和判断有关。

一些人喜欢转述别人的观点以表达自己的理解，这并没有错，但是如果在大部分时间里，你都依赖这样的表述方式，那么说明你还没有掌握知识，还没有学会将数据内化成个人的信息，那么就不具备掌握知识的前提条件。

拥有真正的知识对个人而言不是容易的事情。数字技术可以帮助人们掌握海量数据，也使加工海量数据变得更加容易。但是，如果没有对这些信息进行个人内化，我们就依然是知识匮乏的人。而在知识时代，知识匮乏是一件非常可怕的事。

人们对知识的理解存在很多误区，例如，一些人把别人的知识当成自己的知识，而事实上，别人的知识只是你的信息，你必须对别人的知识做出鉴别和判断并进行转化，而后这些信息才会变成你的知识。

所以，知识最重要的特征是个人化。检验知识最简单的方法就是，你能否把其他人的信息和知识变成自己的。

知识流动链与智慧

下面介绍智慧生成的过程：知识流动链（见图 11-1）。

图 11-1　知识流动链

资料来源：Kakabadse N K, Kakabadse A, Kouzmin A. Reviewing the Knowledge Management Literature: towards a Taxonomy[J]. *Journal of Knowledge Management,* 2003, 7(4):75-91.

智慧是一个知识流。形成智慧的知识流动链，需要先有数据，这是一个未加工的、客观的事实；数据经过加工，变成信息；再经过鉴别，即认知的过程，才成为知识；把知识应用到行动当中，就形成了智慧，智慧是在应用知识之后才产生的。

拥有智慧的人会充分获取数据，将其加工为信息，形成认知并落实到行动中，这就是知识流动链。

数据、信息、知识和智慧的关系也是人们关注并加以研究的课题。根据孟增辉等人在 2015 年的研究结论（见图 11-2），从客观世界得到的数据可以被处理成信息，并通过处理进入大脑，然后成为属于个人的个体知识，个人再将其形式化，最后使其指导行为，而个人就成了有智慧的个体。

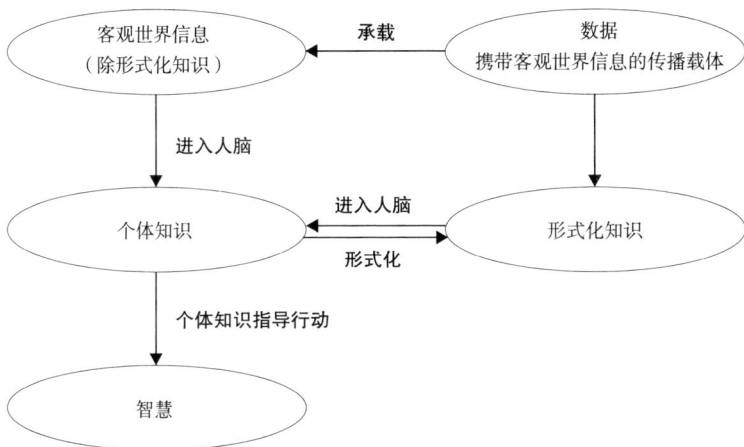

图 11-2　数据、信息、知识与智慧的关系

有个小故事总是让我感动。2004 年 12 月 26 日早晨，正在普吉岛海滩散步的 10 岁英国女孩蒂莉·史密斯，"突然看见海水开始冒泡，泡沫发出咝咝声，就像煎锅一样，海水在涌来，但不再退去"。她一下就认出这是海啸即将来临的迹象，并向人们发出了警告，从而挽救了大约 100 名在泰国此处海滩上的人。蒂莉·史密斯是一个拥有知识的人类个体，她识别出海啸来临迹象并发出警告的行为非常好地诠释了人类个体的智慧。可见，智慧（智能）是一个过程，不是知识，更不是数据或信息，是拥有知识的人类个体在应用知识指导日常行为时所体现出的一种状态。智慧知识存在于人类个体的大脑之中，拥有智慧知识让人类个体行为表现出其智慧。

一个 10 岁的孩子之所以能挽救众人，就是因为她掌握了与海啸有关的知识。有关海啸的知识已经被转化为她的个人知识，所以当她看到相关现象时，马上知道海啸即将到来。智慧与年龄没有直接关联，千万不要认为年长的人就有智慧，重要的是，能否把信息转化为知识并在行动中运用知识。

阿尔弗雷德·诺斯·怀特海（Alfred North Whitehead）的智力发展观点：浪漫—精确—综合运用，同样表明了上述观点。浪漫阶段是指直观获得对世界的认识而不加以分析的阶段。精确阶段侧重对知识的分析并获得精确的阐述。综合运用阶段是在前两个阶段的基础上对知识进行分类整理并加以运用，然后回归一开始的浪漫阶段，重新认识对象。智力发展就是这样一个循环过程。人们从浪漫阶段开始，获得对世界的包容和接纳；通过学习、分析精确地掌握知识，而最重要的是综合运用知识。

王阳明说，"真知即所以为行，不行不足谓之知"。怎样才是真正拥有知识？被理解消化后，经实践验证的，才是有价值的知识，只有经过这一过程，人们才会真正拥有知识。

知识是动词，不是名词

我所工作的北京大学国家发展研究院，由 6 位创始人在 20 多年前创立。他们相信学术研究能解决中国经济的问题，他们拥有这样一个合理的信念，我将其称为"知识的力量"。正是这股力量支撑这所学院的学者持续进行关于中国问题的研究，这成就了这所研究院，使之成为国家智库。

依此推论，你真的拥有知识吗？国家发展研究院的林毅夫老师和张维迎老师在关于"政府与市场作用"的"林张之辩"中，保有各自的观点，并非一定要辩出个孰是孰非，他们不是以分别心来站队，而是以辨别力得出自己的结论。你得出的结论是你自己的，既不是毅夫老师的，也不是维迎老师的。他们得出的依然是自己的结论，而听者也会得出自己的结论。在两位老师辩论之后，我发了条微信朋友圈，写道："让我最感动的、觉得最有价值的地方，就是听者都有自己的答案，这就是这场辩论最大的意义。"

我们得出自己的结论的过程就是知识运用的过程。认真体会知识的概念，你会发现，知识作为一种合理的信念增强着你的行动结果。你回到学校读书，你确信"学习对你有更大的帮助"，这会激发你对学习的热爱，并让你渴望获得更多的知识，驱动你努力学习。因此知识是个动词，不是名词。

30 年的中国企业成长研究，让我理解了中国企业为什么会获得如此快的成长速度，这是因为中国企业努力向国外优秀企业学习，确信学习会为企业带来成长。美的向通用电气学习，华为向 IBM 学习……中国企业都清楚自己的学习标杆，坚信学习会为企业带来帮助，把学习融入成本管理、质量提升、产品开发、市场营销、人才培养、组织打造、战略规划、技术创新以及融合资本等企业发展环节和要素之中；学习优秀企业的知识增强了中国企业有效行动的能力。因此，中国才能在 2019 年实现上榜世界 500 强的企业数量首次超过美国企业上榜数量的盛况。

在中国企业成长的过程中，向国外优秀企业学习，让中国企业家不为自己设限，并持续提升对企业经营与企业发展的认知能力。他们不断做出自我改变，跟上时代变化的步伐，愿意主动摒弃自己的习惯，甚至是一些已经被证明成功的经验；让自己以更开放的状态接受新变化，迎接新挑战，把变化与挑战转化为企业成长的机会。

真正拥有知识就会知道，每个人都无法停留在已有的知识体系里，每个人都不敢停下来或放慢学习的脚步；每天都要学习与思考，否则已有的知识就会变成经验，而知识一旦成为经验就可能变成障碍。因为事物是不断变化的，经验只是对过去的验证。所以，我再一次强调，知识是个动词，不是名词。

最大的挑战在于甄别知识

对于生活在信息时代的人来说，最大的挑战是怎么甄别知识。

很多时候，我们得到并关注的是消息、信息、符号或是没有任何意义却干扰我们的东西，这些是知识吗？你能甄别知识以及它所产生的价值吗？面对知识时代，你如何准备？这些问题在今天变得尤为普遍并具有极大的影响。

我是一个被称为"知识工作者"的人，大学毕业后就开始当老师。每学期备课时，即便是同一门课，我对它的理解和价值确认也会有所不同。一个学生曾对我说，我的"组织行为学"课程，他听了13

年。我吓了一跳并问他："你每年都听，能听出什么不同？"他说："老师你不一样了，我也不一样。"我将这句话理解为：知识带来了变化的结果。

在数字化生存方式之下，每个人都是知识工作者，既渴望知识，又应接不暇。今天，一切几乎都被打上了知识的烙印——学习、工作和生活。面对日常生活的数字化，人们需要理解新知识和新技术给生活带来的变化；工作与学习方式的改变，要求人们拥有新知识与新技能；如果没有新知识的出现，想通过朋友之间的交流获得共鸣已变得不太容易。

人们对知识的渴望比以往任何时代都要强烈，信息爆发的能量比以往任何时代都要充沛，这导致了以下 5 个让我们既渴望知识又应接不暇的表现。

第一，不确定性成为常态。处在不确定性的环境中，人们只有提升认知能力，才能找到与其共处的可能性，才能找到自己的确定性。持续获得知识是提升认知能力的关键。

第二，迭代加快，不断涌现新知识。在过去几年间，每到年底，我就邀请本科生做一件事情：把这一年中他们认为最新的、最流行的50 个词列出来。2013 年时，我可以知道一半词的含义，到了 2016年，我只能理解其中 3 个词。这表明我离年轻人、新的现象、新的玩法越来越远了。这种迭代、新创概念将挑战带给很多人，我就是其中一个。

第三，认知盈余，选择障碍。最近几年，我被管理者问得最多的问题不是"不知道"的问题，而是"无法做选择"的问题。无法做选择不是因为信息不充分，而是因为信息太多。这导致面对问题时，信息干扰多、选择性多而无法做决定。

第四，时间稀缺。人们已经比较习惯"碎片化"，这一方面意味着时间增多——时间被更多地分割；另一方面也许意味着时间减少——集中时间、聚焦专注变得更难。

第五，对知识验证的要求越来越高。按照经验，尤其是在授课时，老师往往可以很笃定。因为在授课领域，老师与学生之间会有"知识差"。但是，今天的老师很难再那么笃定，老师拥有的信息甚至知识可能还没有学生"多"，因为学生运用数字技术的能力更强。这时候老师就会发现要验证所讲授的知识变得有难度了。

这一系列挑战，让我们感到深深的焦虑和黯然的孤独。选择、可能如此之多，却不知道哪个选择和可能与自己相关，人们因此陷入深深的焦虑；因迭代速度太快，信息过载，感觉跟不上变化的节奏，一种黯然的孤独油然而生。

问自己四个问题

克服"深深的焦虑和黯然的孤独"这两种状态，首先需要问自己以下四个问题。

第一，是分别心还是辨别力？分别心是指人们根据事物的表面（美丑、贫富等），有区别地对待人和事。辨别力则是指人们对人与事物进行分析、观察和独立判断的能力。在生活中，经常有人说"颜值很重要"，这种判断体现的就是分别心，而不是辨别力。有辨别力的人，不会以颜值为基准，而是在真正辨识价值之后做出选择。

第二，是自我设限还是认知的不足？有人说"这件事情我做不到"，这样说的人并不是真的做不到这件事情，而是在自我设限。有学生问我为什么每天晚上可以写 3000 个字，这在他们看来是很难的事情。我和学生说："你先从每天晚上写 3 个字开始，然后写 30 个字，慢慢地你每天晚上就能写 300 个字、3000 个字。"这不是能不能写的问题，而是如何认知写作的问题。

第三，是世界变化快还是自己不曾改变？我对这个问题的感触最深。微博出现时，我没有参与，后来发现自己要被淘汰了。微信出现时，我就开始参与其中，开设了"春暖花开"公众号。借助这个公众号，我有机会与千万读者交流，这驱动我更好地理解数字化对企业发展的影响。知识付费出现，我顺势成立了"知识实验室"，感受知识媒介的改变，并让自己与时俱进。所以，对于今天的我们而言，重要的不在于世界变化的快与慢，而在于自身变化的快与慢。

第四，是惯性使然还是无法应对？很多人都感觉难以应对信息聚变、不断迭代带来的挑战。事实是，并不是挑战让人难以应对，而是惯性导致人们无法应对。在一个在线化、数字化成为必选项的环境里，我虽然不喜欢视频教学模式，但是依然要求自己克服自己的惯性，尝试新的教学方式，接受视频授课、远程在线教学。我也这样和学生沟通，我们更习惯于在线下教室里的面对面的教学方式，但是还是要学会找到在线学习的独特之处，这对提升应对变化的能力绝对有帮助。

我希望每个人都可以问问自己这四个问题，找出解决问题的方向，从而真正拥有知识。

真正拥有知识，你就会拥有辨别力，而不是分别心；你能提升认知，就不会再自我设限；你会主动改变自己，与变化共舞；你会主动迎接挑战，不再顺应惯性，不再故步自封。

组织拥有知识

德鲁克在《后资本主义社会》一书中写道："无论在西方还是东方，知识一直被视为'道'（being）的存在，但几乎一夜之间，它就变为'器'（doing）的存在，从未成为一种资源、一种使用利器。"

他研究知识在管理学近百年发展历史中所起的作用，并将其总结为三个阶段。第一个阶段，"知识运用于生产工具、生产流程和产品的创新，从而产生了工业革命。搜集、编纂并出版流传千年的技术，把经验转为知识，把工匠师傅的言传身教转变为书本，把技术的秘方转变为方法论，把工艺流程转为应用知识"，这一切正是现代"工业革命"的必备要素。

第二个阶段，知识以其被赋予的新含义开始被应用于工作之中，引发了"生产力革命"。"自泰勒将其知识运用于工作后的短短几年时间里，社会生产力以 3.5%~4% 的速度继续递增，这就意味着社会生产力每隔 18 年左右就会翻一倍。泰勒的《科学管理原理》出版之后，所有发达国家的生产力水平平均已经提高 50 倍左右"，这就是知识被运用于工作后产生的结果。

第三个阶段，知识正在被应用于知识自身，也就是"管理革命"。知识被广泛运用于知识本身，通过管理带来极高的生产效率和发展速度。人类在 20 世纪创造的财富，比之前所有时间创造的总和还要多，发达国家的生活水平与生活质量因此得到了明显改善。

我沿着德鲁克的研究思路发现，现在我们来到了第四个阶段，知识正在迅速成为首要的生产要素，资本、劳动力居于次要位置，我将其称为"知识革命"。事实上，知识带来的社会生活与商业发展的巨大变化，使知识越来越成为最有意义的资源。知识已成为获取社会与经济效益的一种手段，正被应用于系统化的创新。

今天，"谷歌似乎成了知识的代名词。它虽然不能回答你的问题，但它可以帮助你找到问题的答案。从某些方面看，随着'知识图谱'（knowledge graph）的出现，谷歌的定位也在改变——它提供的不仅是通向答案的链接，还有答案本身"。今天，几乎美国所有的零售公司都会被投资者和媒体问一个问题：贵公司在亚马逊的挑战下有什么对策？中国几乎所有领域的企业都要思考：阿里巴巴和腾讯到底是什么公司？其实，这四家公司最核心的特征就是，它们是知识驱动的公司。

这也让我常常想到日本企业的质量管理。为什么质量管理在日本可以取得如此高的成就，让品质成为日本产品的代名词，帮助日本企业走向全球市场，获得独特的竞争力？爱德华兹·戴明（Edwards Deming）的质量管理思想推动了日本的品质革命，以戴明命名的戴明品质奖，至今仍是日本品质管理的最高荣誉。但是，为什么质量管理被运用在日本以外的国家和地区时并未达到日本企业的效果？戴明谈到的有关"深厚知识的系统"（profound knowledge）的观点，帮助我理解了原因所在。

在他看来，"深厚知识的系统"可以分为以下四个元件，其互相影响。

- 对系统的欣赏（appreciation of a system）；
- 理解变动相关的知识（knowledge of variation）；
- 知识的理论（theory of knowledge）；
- 人类心理的知识（knowledge of psychology）。

"深厚知识"是一个系统，所以它拥有系统的特性。正是因为拥有有关质量的"深厚知识的系统"，日本企业的质量管理才会如此成功。

在数字化的今天，人们很清楚地理解：知识的生产力日益成为经济与社会以及整体经济表现的决定性因素。所以，成为知识驱动型的公司，必须是企业管理者努力的方向。

关于知识革命的四个阶段，我还需要特别提醒：在前三个阶段中，知识淘汰的是工具、流程，优化的是工作过程。但是在第四个阶段中，知识淘汰的不再是工具，而是没有知识的人。如果公司没有建立"知识系统"，企业就会被淘汰。企业必须有能力不断获取知识、验证知识、创造和创新知识，这也是知识革命对企业的根本要求。

组织学习

如前所述，唯有"知识"可以让我们面对未来。要让组织成为一家知识驱动的公司，让组织构建自己的知识系统，组织学习是一个必然的选择。

组织学习的概念是相对于"个体学习"（personal learning）而言的，个体学习是组织学习的基础。虽然个体学习也非常重要，但是组织内所有个体学习的组合，并不意味着完成了组织学习。一个学习中的组织必须具备以下三个条件：第一，组织能持续获取知识，在组织内传递知识，并不断创造新知识；第二，能持续增强组织自身能力；第三，能带来绩效改善。概括地说，组织学习是持续创造新知识的过程，是持续增强组织能力的过程，是改善绩效的过程。

从这个意义上理解，组织学习是所有组织都应该培养的一种技能。也因此，打造"学习型组织"成为近几十年来优秀企业纷纷选择的组织成长方式。彼得·M. 圣吉（Peter M. Senge）指出：学习型组织是这样一种组织，"在其中，大家得以不断突破自己的能力上限，创造真心向往的结果，培养全新、前瞻而开阔的思考方式，全力实现共同的抱负，以及不断一起学习如何共同学习"。这样的组织能通过学习获得成长，通过学习赋能组织成员，使其具有更强的创造力，从而帮助组织获得绩效。

野中郁次郎用"知识创造型公司"来探讨知识与组织学习的关系，这让我深受启发。他指出知识创造型公司的特征是"创造新知识需要一线员工、中层管理者和高层管理者的共同参与。企业中的每个人都是知识的创造者"。在组织学习中，每个人都是知识工作者，都在有意识地创新知识，在组织内部传递知识，激励组织学习，最终使组织学习能力增强。

我是一位从事管理教育的老师，如何实现组织学习是我一直关注的话题。之所以关注组织学习的话题，是因为我发现很多管理者到学校学习，只是为了完成个人学习，使个人得以成长，而相较于个人成长而言，其对组织带来的改变并不明显，一些人完成课程后反而选择了离职。

这让我意识到，个人学习只是一个基础，只有把个人学习转化为组织学习，才能带来组织绩效的增长，否则个人学习所造就的强个体反而可能会带来个体与组织的分离。所以，每次课程结束后，我都要求班上的同学把所学的内容、讲义和案例等资料带回组织中并内部讲解，和组织其他成员一起学习。我做了一些跟踪调研，结果发现，如果学员能按照我的要求，在企业中展开课程内容讲解，与其他成员共同学习，其所在的企业都会有不同程度的改善。

个人学习非常重要，这一点毋庸置疑，但是我更强调组织学习。在现实中，管理者个人学习的机会太多，员工学习的机会太少。老板即使把所学带回公司，要求大家按照他所学的知识做，公司里的人也无法明白他的要求，听不懂他说的话，结果就是他焦虑，员工也很焦虑。员工发现自己和老板差距越来越大，这种焦虑会消灭整个公司的共同语境，使公司内部无法真正形成合力。

因此，将管理者的个人学习转化为组织学习更为重要。通过组织学习，公司会形成共同语境，管理者和员工在组织的知识体系中探讨如何解决问题。通过组织学习，管理者带领员工一起学习，讨论企业的问题，共同得到答案，最后形成行动方案以提升绩效。

当然，还是有很多人质疑学习能否直接带来绩效。抱持消极观点的人们认为，组织学习观念有意义，但并不总是有效。詹姆斯·马奇（James March）就指出过一种"学习的困境"（dilemma of learning），他还特别提醒人们，当组织以"低概率、高度重要的事情"展开学习时，结果就是"学习并不总能产生明智的行为。相同的过程可以产生经验智慧，也可以造成迷信的学习、能力陷阱和不正确的推理"。我的理解是，马奇也许在提醒人们，要注意不能被以往的经验所束缚。如果我的理解是对的，那么这个提醒也正是组织学习需要关注的问题。

按照组织学习的定义，今天的企业大学应该被重新定义。企业大学应该是组织学习的代名词，应该是实现组织学习的带领者。企业大学需要从组织学习的视角，规划和设计学习内容，不仅关注员工个人学习成长，更要关注组织学习，通过组织学习帮助组织成员做到：实现共同目标，产生协同行为，拥有共同语境。这样的企业大学，可以承担三个角色：组织能力的锻造者、组织绩效的推动者以及组织未来的整合者。

今天的企业大学应该承担这三个角色，而不是主要承担企业培训的功能。企业大学应以组织学习为发展方向，帮助组织形成共同语境，致力于组织文化、组织学习力以及组织绩效的改善。

组织成员需要做好三个"唯有"

使知识更具生产力，让组织具有组织学习的能力，就要求组织成员有系统、有组织地运用现有知识去创新知识。其关键是要做到以下三点。

唯有融会贯通

一位英国小说家的作品总是写得很好。人们问他为什么能写得这么好，他说"唯有融会贯通"。在一个巨变的环境里，学习本身就是不断融入环境，这是一个融会贯通的过程。达成融会贯通需要完成以下四步。

第一步，"界定问题"而非仅仅"解决问题"。首先，要让自己在遇到问题时，先"界定问题"，而不是急于解决问题。在纷繁复杂的环境里，识别真问题、理解本质变化更为关键；如果陷入解决问题的困境中，问题就会层出不穷，导致我们忙于应对问题，而丧失了真正发展的可能性。

第二步，对"特定问题"进行系统分析。被甄别出来的"问题"，也就是"特定问题"，对组织绩效或组织成长具有关键影响作用，只有对其展开系统分析，才可以找到关键问题的解决方案。

第三步，形成一套"方法论"。跟随第二步的系统分析，可以形成有关关键要素的整体认知、行动方案，并将之沉淀为方法论，也就是组织知识，从而帮助组织的每个成员对此展开学习与运用。

第四步，正视所谓的"组织无知"（organizing ignorance）问题。在数字化时代，对于个体和组织最大的挑战是未知远大于已知，是过去的经验无法帮助我们走向未来。所以，我们需要清醒地理解，在很多领域，因为数字技术的嵌入，我们是缺乏相应的知识和重要常识的，即"无知"的。只有正视这个问题，我们才会要求自己学习新的知识与数字化生存的常识；同时，也能开放自己，与其他人合作，借助合作获得新的知识与常识。

唯有终生学习

知识革命要求人们在学习上投入更为持久的时间，终生学习同样也是今天的共识。终生学习既指时间跨度，又指学习能力。实现终生学习，需要具备以下三种学习能力。

一是基本学习能力。大部分人都具有这种学习能力。运用基本学习能力，人们可以获得统合性知识、专业性知识和存量知识。简单地说，基本学习能力能帮助人们获得已有的知识内容。

二是过程学习能力。这种学习能力需要学习者发挥主观能动性，主动获得过程知识、增量知识和跨界知识。过程学习能力是指在已有的知识内容基础上，学习者能拓展这些知识并形成新的知识价值。

三是综合运用能力。由知识定义，我们知道检验是否真正拥有知识的标准是能否将所学的知识运用到实践之中并创造价值。综合运用能力包括想象力、理解力以及可验证知识延展。

我把知识分为两种——存量知识与动态知识，未来一定需要两种知识并存。基本学习能力解决存量知识的获取问题，掌握动态知识则要靠过程学习能力和综合运用能力来实现。

唯有突破自我极限

美国作家埃里克·霍弗（Eric Hoffer）[1]说："在剧变的时代，学习者掌握未来。博学的人往往会发现，他们熟悉的那个世界已经不存在了。"今天，每个人都要成为学习者，即便是博学的人，也是在一个完全陌生的世界里。认知这个陌生世界，则需要突破三个障碍。

第一个障碍是"自我"。此处的自我是指无法妥善处理对他人、对外

---

[1] 被称为"码头工人哲学家"，代表作有《狂热分子》。

界的关系。人们如果过于深陷在自己的认知里，就无法与他人合作；在与外界的对话中，也就无法真正理解对方，更遑论正确处理与他人、与外界的关系。

第二个障碍是"事实"。很多时候，我们认为已经理解了事实，或者认为自己已经客观地判断了事实，但是事实却并非如此。需要说明的是，我们依赖于自己信仰的真理，但是信仰的真理与真理永远存在差距。

第三个障碍是"经验"。被验证成功的经验常常给自己带来信心，从而成为自己知识的一部分。但是，我们同样需要警醒的是，当经验不变而事物改变时，经验就成了绊脚石。

在知识的社会里，最经不起浪费的就是知识潜力。所以，我们要努力突破以上三个障碍。组织需要通过学习具有"知识"。没有知识的组织，一定会被淘汰。我借用当年柯达破产时德国传媒的感叹来描述今天的我们：在知识面前，没有人可以高高在上，时代会淘汰一切落伍者。

第十三章
组织价值共生的原则

从数字化的本质到数字化生存对组织管理的影响，企业组织价值共生已经成为企业在今天的基本选择，尤其是2020年新冠肺炎疫情带来的挑战，使数字化、在线化成为必选项。数字化带来的组织成长已经成为常态，这也带来两个人们需要特别关注的问题：一个是组织扩大中的管理风险，另一个是看清组织的真实情况。

问题一，组织扩大中的管理风险。

组织、技术与资本的结合驱动规模倍速增长。规模也许来自海量的交易，来自巨量的用户，来自连接广泛的价值共同体，这些变化带来的复杂性都需要组织去面对，组织也因此快速扩展。一位创业三年的管理者曾来学校交流，他告诉我，通过三年的时间，他的员工已经达到5000人，他觉得业务的问题还容易处理，但是人员增多之后的组织问题令他很头疼。的确是这样，规避组织扩大过程中的管理风险是首要任务，这是资本解决不了的一系列最基础、最实际的问题。无论问题最终体现在哪里，不管是质量、创新、官僚还是流程等具体方面，一旦上了规模，危机出现的概率便呈几何级倍数增加。

成功不容易，维持成功更不容易。组织在持续发展阶段，管理者需要时刻保持清醒，要知道组织到底有没有发生变化，究竟有哪些变化；要知道组织是否存在官僚主义；要知道领导决策是否通畅；要知道发展带来的组织架构层级增多是否阻碍了创新；要知道核心管理者队伍是否稳定或是否具有创造性；要知道在众多机会面前组织发展是否有足够的专注能力以及足够的弹性能力；要知道组织本身是否有可能被市场和竞争对手所左右……

问题二，看清组织的真实情况。

组织动态性需要管理者看清组织的真实情况。要做到这一点，必须首先让真实的世界呈现出来。组织的现状并不能单纯地通过关键绩效指标体现出来，因为组织本身是由无数成员建立起来的，他们不是冰冷的数字，而是有内涵、有具体描述的生命体。研究一个发展中的组织的现状，就要明白究竟有多少人在组织的事业中并与组织一起成长，这是一个非常重要的问题。

以出行公司为例，每天和公司一起参与发展业务的不仅有汽车制造商、运营商及相关机构，还有出租车司机、机构员工和每一位乘客。在新的组织形态中，乘客和松散型关系的司机也成为组织成员，此时，组织开始变得不同。乘客和司机通过特定的信息共享平台提出出行要求，乘客的信息不再通过调度发送，而是被直接传输给附近的司机，司机响应并主动满足乘客提出的出行要求。这是出行公司的真实情况，涉及每个与业务活动相关的成员，即便是独立的、具有松散型关系的司机也是管理者需要关注的成员。

对变化保持警觉

针对上述两个问题，对持续发展、扩大规模并延伸成员的组织而言，管理者敏锐的观察力和随之产生的危机感都是十分重要的；同样，对个体和面向未来的公司来说，安全感也是非常重要的。而拥有危机感又是组织应对变化所需要寻找的状态，所以管理者需要在危机感与安全感的冲突中找到平衡。

管理者在任何时候都不能掉以轻心，要让公司机体保持对外刺激的敏感性，保持一种警惕的临界状态，时刻关注环境的不确定性并做出反应，同时要让公司在确定状态下取得绩效。对组织价值重构来说，即使这一切看似都是正面的影响，管理者至少还是要对以下几个方面保持警觉。

第一，变革势必带来阻力。

变革代表着动荡，意味着组织原有的状态、习惯等都会面临调整。在这一过程中，组织和组织成员必然要放弃已有的观念和行为方式以适应新的方式，这势必遇到来自组织内外部的多重阻力。

一是组织惯性带来的阻力。随着组织年龄的增长，组织具有了维持原状以保持其稳定成长的惯性，这本身就会导致一种排斥改变的自然反应。惯性的力量是巨大的，它长年累月地影响人们的生活态度，影响人们的思维方式和行为模式，并且难以在短时间内被改变。这种惯性的力量严重制约着组织做出改变。

二是利益冲突者的阻力。变革的过程势必会调整各项利益，威胁一些成员已有的利益状态，这难免会引发一系列的冲突。

三是变革风险的阻力。组织变革把确定和已知的东西变得模糊和未知，加之变革结果无法预测，成员对变革的信心被进一步降低。每个人都有理性规避风险的倾向，而且从抗拒、怀疑、尝试到最后的接受，这本身就是一个漫长的过程，每一步都将给变革带来障碍。

第二，变革要从领导者自我改变开始。

沉迷于过去是很多企业跟不上时代步伐的主要原因。在这时，企业最需要的往往是企业领导者的自我改变。不过，领导者最难做的也正是自我改变。一些企业领导者害怕面对否定自己的痛苦，害怕面对放弃优势的动荡，更担心原有体系受到冲击，因此畏首畏尾地拒绝变革。

在阻力面前，领导者需要有强大的坚持下去的信念，要把坚定信念和乐观心态传递给组织成员，做到既不会因为变革的不确定性而拒绝变革，又不会因为存在阻碍变革的因素而放弃变革。

更重要的是，领导者要有确定的乐观心态，相信变革的牵引力量，相信团队的力量，相信自己的力量，并把这种坚韧和信心传递给那些愿意为变革付出的人，成为所有共同推动变革成功的人的信仰。

第三，在合作中预见失败。

如同组织所做的所有改变一样，改变带来的不确定性会增加人们对合作预判的消极性，这种消极性又会打击组织成员参与合作的积极性。合作是一个涉及众多成员的活动，其难免会有冲突和摩擦，这会产生失败的可能性。

全球合作网络创始人大卫·萨维奇（David Savage）认为合作失败主要有以下几个原因：自我、不和谐、怀疑和缺乏参与。在合作的过程中，自我心态和"我能获得什么好处"的心态，会把人们的注意力转移到自身经济利益方面，导致人们不能全面关注如何在不同组织间进行合作。

没有真正的共同目标，合作必将失败。缺乏沟通和目标不一致，将会迅速阻碍合作进展，并且可能会导致合作破裂的严重后果。此外，在团体工作中，缺乏信任和缺乏承诺会导致合作过程中产生冲突，严重影响合作的效果，这一切都需要我们提前做好准备。

第四，在常态中保持警觉。

研究表明，今天，组织快速成功的路径越来越相似，以资本投入争取速度，以速度建立规模，以规模建立竞争壁垒继而赢得市场，获得市场地位。这些相似的发展规律背后是速度，因此组织领导者难免会在一定时间内以速度为主要追求。

但是，以资本投入驱动的成长，看起来一帆风顺时恰恰是需要提高警觉之时，因为这不是真正的价值驱动增长，只有回归价值创造，才能获得有效的增长速度。因此我们要在增长常态中保持警觉。

价值共生原则

不同的企业，在不同发展阶段，处在不同行业，组织价值共生所面对的挑战也会有所不同。但是，通过跟踪研究数字化生存中取得领先优势的企业，我们发现还是有一些基本原则可供借鉴，总结如下。

第一个原则：有目的地放弃昨天。

管理实践表明，组织总是为能有效产出的地方配置资源，这也是我们把"有目的地放弃昨天"作为第一个原则的原因。企业只有有目的地放弃昨天，才能释放出一些资源，将其投放到面向未来的方向上。价值重构与共生过程中首先遇到的挑战，就是企业习惯为过去的优势投放资源，因为这可以保持有效产出，但是这一点恰恰是需要特别小心的。如果一直聚焦于已有的优势，企业就会停留在过去的成功中，虽然有产出，但没有了未来。

有目的地放弃昨天，就需要管理者关注与昨天有关的几件事：一是企业的核心竞争力，二是企业过去的成功，三是管理者的经验，四是现有组织人员的能力模型与结构。管理者要关注这几件事与未来的关系，如果它们无法有效地帮助公司面向未来，那么企业就应该放弃它们。

第二个原则：持续改善。

之所以选择以持续改善为组织价值共生的第二个原则，是因为以下两点。

第一，管理和运营的标准永远都是需要提升的；进步企业最大的特征就是不断地提高自己的标准，也就是企业要有持续改善的观念和行动。

第二，持续改善可以帮助企业找到更好的解决方案而不满足于现有的状态。持续改善能在组织内部形成寻求更好解决方案的习惯。一旦形成了这个习惯，员工就会愿意改变。最后，持续改善会引领组织成员向更高的标准迈进，向对手学习，向同业学习，向他人学习，为自己设定更高的标准。

第三个原则：挖掘创新成功经验。

组织价值共生的过程就是创新的过程。要让组织成员参与变革并获得成功，就需要组织提供有效的做法。有效的做法是挖掘创新成功的经验，然后在组织内部复制，或者通过分享创新经验来激发其他组织成员创新。

挖掘创新成功的经验，需要注意三件事情：第一，配置资源以帮助创新者成功探索出一条路；第二，总结成可复制的方式或方法；第三，创新的做法被公司认可和推广。这三件事情非常重要。例如深圳，中央配置资源支持深圳成功发展，然后总结出深圳模式和深圳速度，之后中央定调，将经验在全国推广。改革开放就从深圳等四个特区推广到沿海地区再推广到全国，40多年来有目共睹的发展变化就此发生。

第四个原则：避免落入系统化创新的陷阱。

组织价值变革是一个系统化的行动，无法自然而然地发生，需要进行系统化设计。系统化设计需要避免三个陷阱。

第一个陷阱，为变革而变革。去企业调研时我经常遇到如下情形，有些企业因为太在意组织变革与创新，甚至忽略了战略与顾客。组织价值共生中最可怕的就是为变而变、为新而新。组织价值共生要有一个明确方向——符合公司战略方向，要为创造顾客价值服务，不要掉进创新重构的陷阱。

第二个陷阱，混淆新奇和创新。由于见过很多新做法、新商业模式、新技术和新的组织形式，人们会把这一切都称为"创新"，但是其中的一些做法很可能只是"新奇"。衡量创新的标准非常明确，熊彼特将创新定义为新产品、新市场、新的替代性原材料、新商业模式和新企业组合。所以，创新一定是创新价值；新奇则有可能是一种好奇心、一种尝试、一种探索、一个妙想甚至是一种爱好，并不一定是价值创造。

第三个陷阱，具体动作和行动计划之间的界限。系统化设计会涉及具体动作、步骤和要求，需要特别注意的是，人们会因为陷入具体动作的设计，而忽略了行动与目标之间的关联性，一味纠结在具体动作的细节里，忘记了更重要的是行动计划，尤其是如何实现最初设定的目标。

第五个原则：平衡。

最后一个原则，就是平衡，即要平衡组织价值重构与组织连续性之间的关系。要做到这一点，需要关注三件事情。

第一，价值重构与连续性之间不是对立的关系，它们实际上是一件事情的两个面，要把它们组合起来而不是对立起来。第二，价值重构不能以牺牲当期业绩为代价。这需要在组织设计上安排两组人分别承担不同的责任，一组人承担当期绩效，另一组人承担新价值探索。第三，也是最重要的部分，要有顺畅的信息交流。两组承担不同责任的人需要进行互动，要保持他们之间的信息对称，这样可以帮助双方理解彼此并相互支持。

信息沟通与共享

信息对称与互动不仅限于组织内部，还需要在组织外部实现，包括组织与合作伙伴、组织与顾客展开互动并获得信任与合作。

通过增进社交关系、转变生活方式以及增进万物互联，微信引领了用户的数字生活，正如腾讯研究院发布的《2016 微信社会经济影响力研究报告》所言："微信，是数字经济下的重要产品，以社交关系链为核心，通过连接、协调、赋能的平台力量，将新技术、新应用、新模式深度植入工作生活及社会治理，促进互联网惠及更多民众，持续拉动信息消费，不断带动相关就业，推动人与人、人与设备乃至社会深度互联，为经济社会转型升级与和谐发展带来积极的影响。"[1]

通过在线协同，阿里巴巴和京东都贡献了数字平台技术，推进更多商业创新不断涌现。这些新兴的互联网企业，借助数字技术，让千千万万的中小企业得以成长，进而共同为顾客创造新价值。2020年快速崛起的"直播带货"，更是在数字技术平台的帮助下实现了新商业场景，销售额达到万亿元。借助数字技术，个体释放的能量超乎想象，2020 年 5 月 1 日，4 位央视主播——康辉、撒贝宁、朱广权、尼格买提罕见合体，一场 3 小时的带货直播吸引了 1600 多万观众，销售额更是超过 5 亿元。

---

[1] 新华网，"微信全年拉动全社会消费 4475 亿元"。

在技术改变成长的今天，共生型组织借助技术框架来展开沟通与协同，用新技术方式、新共享服务模式、新商业模式实现共生型组织中各个成员的成长。

当然，不容忽视的是，这是一个艰难的过程，因为这不仅需要敏锐的创新能力，而且要设计有效沟通的方式，让每个参与成员都能达成共识。而设计让各个成员都能参与使用的技术框架本身并不是一件容易的事情。

值得高兴的是，企业微信、钉钉、金蝶、致远等一批拥有信息沟通与互动技术的企业，开展在技术框架下的沟通与共享，以信息的高效率处理与流转，连通企业内部部门、生态伙伴以及无限的客户空间，实现了企业内部办公一体化，以及外部生态伙伴和客户的价值共生，取得了越来越美好的协同创新成效。

德鲁克指出，组织不良的最常见的病症，也是最严重的病症，便是管理层次太多，组织结构上的一项基本原则是，尽量减少管理层级，尽量形成一条最短的指挥链。而在我看来，数字技术可以帮助企业组织拥有最高效率的协同，即共生协同的新组织发展与管理模式。

价值由独创到共创方式的改变催生了截然不同的组织生态；数字技术使企业具备新组织形态，创造更大的可能性，只要企业能构建技术框架下的沟通与共享能力，组织就能实现开放而具有弹性的内部协同，在组织外部达成以顾客为导向的价值共同体。

第十四章
数字化，注定是个分水岭

你有认知和理解世界的能力吗?

回顾改革开放 40 多年，我的内心一直交织着两种感受：一种是感慨，感慨的是开放、市场与政府组合在一起，把我们从一个相对落后的贫困状态中解脱了出来，并把物质生活上升到了一个史无前例的水准；另一种是忐忑，忐忑的是浮躁、泡沫与欲望组合在一起，让我们在一个令人兴奋冲动的自我膨胀中不断沉迷，同时还侵蚀了人们内在精神的安宁。

今天很多人都在讨论创业、新商业模型，讨论风口期，在意红利。如果你决定做一件有价值的事情，那么红利其实应该是不需要讨论的事情。你的商业模型以及最终追求的价值，其实没有风口期，只有持续地进行创造。

在这个时代，首要条件并不是快速的变化而是持续的变化，这既带来了正面的影响，同时也带来了负面的作用，越来越多的人被拖入了信息过载的焦虑之中。我们进入了难以名状的时代，各种主义横飞，无主流，无定数，如今的环境给人们提出一个难题：当如此多的不确定性因素、无法厘清眼前的状况、难以预估的风险、越来越多的动荡围绕在身边时，我们该怎么办？

这已经不只是挑战与困惑，还导致人们产生了对未来的无力感。因为这一切也削弱和颠覆了过去几十年里人们所熟悉的标杆与价值判断。人们不断询问：到底什么才是我们可以信赖的选择？

令我惊奇的是，此时我总是想到西西弗斯。这位古希腊的国王因为触犯诸神而受到惩罚，诸神要求他把一块沉重的巨石推上陡峭的山峰，石头每次快到山顶时就会滚下山脚，西西弗斯就再把石头推上去，这个过程不断重复，永无止境。很多人从不同的视角去诠释西西弗斯，但是我的理解是，他是自己的主人，这块巨石上的每一个颗粒、这山坳上的每一颗矿砂，唯有和西西弗斯一起才组成了一个世界。真正的救赎恰是他能在苦难之中找到生的力量和心的安宁。仔细想来，我之所以想到西西弗斯，正是因为他的力量源于他接受了这个过程所包含的挣扎，他没有因无尽的挣扎而放弃希望，他找到了与挣扎共生的方式，他战胜了自己。

所以，面对不确定与风险，我们所需要的不仅是直面它的勇气，更需要有认知它的能力，亦即我们该拥有什么样的世界观才可以真正与不确定性相处、与动荡的世界相处，如西西弗斯般与挣扎相处。

今天，"道"在何处？

这意味着我们需要自己界定对于外界的认知与判断，我们需要有意识地创造出一个内在的、更大的空间，让我们得以保持内在的稳定性，并由此感知整个世界，从而与之相处。这个内在的空间完全取决于你自己的世界观。

世界观是一个奇特的术语，它根植于认知哲学，简单而言，它是指一个人对整个世界的总看法。"我们生活在一个移动技术的世界里，但移动的并不是设备，移动的是你。"我们要记得我们的根本，以及我们几乎失去的灵魂——让生活有意义。只有我们，可以定义自己的意义与价值，这全有赖于我们自己对世界的总看法，而不是其他。

在人类羸弱、自然浩瀚之时，哲人先贤总是向内寻求力量，引领人类走出迷茫。孔子说："芝兰生于幽林，不以无人而不芳；君子修道立德，不为贫困而改节。"帕斯卡说："人只不过是大自然中最柔弱的芦苇，但他是会思想的芦苇。他不用等待全部宇宙武装起来打击他；一点蒸气、一滴水，就足以置他于死地。可是，宇宙压溃他时，人仍比他的凶手更高贵；因为他知道死期已到，而宇宙毫不知情。"

我会花很长时间持续修炼自己，有些时候可能会采用一些相对特殊的方式，比如选一个时间安静下来，禁言、禁声，甚至禁思，因为外部的信息太过繁杂，采用这样的方式去倾听内心，用自己的稳定性感知整个世界，然后跟它相处。我们之所以会焦虑，是因为不能与不确定相处，甚至我们认为每一个变化都在给自己带来困难。但是变化在今天是常态，所以你要做的就是跟它相处，如此你才能真正地感到自己的稳定性。

其实，所有外在的变化并不是促成你发生变化的原因。正如《六祖坛经》中，两个和尚的争论：到底是风动还是幡动？六祖说：非幡动，非风动，而心动也。所有的意义与价值全有赖于我们自己对世界的看法，也就是由我们自己决定。

老子在《道德经》中开场的第一句话就把这个道理讲清楚了：道可道，非恒道。在老子看来，"道"并不是一个必须尽力遵循的"理想"，而是一条通过我们自身的选择、行动与努力而不断开拓的道路，每个人都可以重新创造"道"。

数字化生存中，我们怎么选择？

第一，建立长期主义的价值观。

拥有不同的价值观就会选择不同的发展模式。在一段时期内，"风口""颠覆""超常规发展"等一系列概念，代表着一些人为了获得短期利益而设置自己的发展模式，我将这些称为机会主义的价值观。但是，真正能超越变化的并不是机会主义者，而只有那些心怀爱、信任与承诺并让生活变得美好的长期主义者，才能超越变化而得以持续。

价值观之所以重要，是因为它可能是唯一一个能与市场和变化对抗的力量。巨变的环境会带来很多挑战，但是同时也会带来很多诱惑，如果仅仅是为了短期利润，或者采用机会主义的价值判断，就会带来不可逆转的伤害。越是在动荡的时候，越要坚守企业的基本假设符合长期发展利益，保有长期主义的价值观是今天的一个必然选择。建立长期主义的价值观，意味着做有意义的事，意味着有明晰的道德标准。有意义的项目能超越变化带来的压力，而明晰的道德标准对复杂环境带来的不确定和风险以及危害具有天然的屏障作用。

第二，从预测判断转向不断进化。

在一个持续变化的环境里，没有人能预测并借由预测做出判断和选择。在这种情况下，正确的做法就是朝着特定的方向，做好一次又一次调整自己的准备，并努力在前进过程中不断验证和改变，以适应不断变化的现实。在有太多不确定性的市场中，持续而灵活的适应性是人们必须掌握的能力。

不断进化的承诺也是一种来自古老军事战略的版本。卡尔·冯·克劳塞维茨（Karl Von Clausewitz）在其名著《战争论》中写道："战争中充满不确定性，战争中四分之三的行动都或多或少处在不确定的迷雾当中。"在他看来，审慎的战争策略就是要针对敌军状况，相应地筹建一支军队，朝着一个特定的方向，不断因应变化而做出调整，从而提升成功的概率。

第三，致力于不可替代性。

很多人问我："我怎样才能在今天寻求机会，我的定力可以帮助我做什么？"现实让我们发现，被迭代的企业绝对不是因为技术，而一定是因为不重视顾客才被淘汰；绝对不是因为机会不够，而是因为自己的价值贡献不够，所以自己淘汰了自己。

在动态竞争中，稍有闪失也许便会被淘汰，这不仅是组织参与竞争的一种身份，更是组织要面对的残酷现实。机遇之后是更广阔的市场，同时也是更复杂和更长久的考验，因此，只有更踏实、更具价值的组织才能存续。

从反向角度看，一个不能踏实做事的组织，呈现给顾客的是急功近利和投机取巧，这样的组织无法真正得到顾客的信任，更不会获得顾客的长久支持。没有顾客基础的组织无论已经发展到多大的规模，终究还是脆弱的。所以，组织需要专注于自己的行为，专注于专业性与价值创造，"如何更好地满足顾客需求"是所有问题的根本和核心，也是踏实、专注、心无旁骛工作的根本。踏实地创造不可替代的价值是一个可持续的组织体系的基础，更会让组织拥有更多、更大的生存发展机会。

第四，从固守边界到伙伴开放。

在通常情况下，内部与外部总是会存在一个明显的界限。但是一个封闭系统是无法适应动荡环境的，能认识到这一点的人也就有了全新发展空间的可能性。

这个时代正转向平台化，转向云化。平台化、云化最根本的特性就是开放，就是连接与协同。比如，海尔有一个由40万名"解决者"组成的网络，来自世界各地的机构和技术专家帮助公司应对大约

1000 个领域的挑战。开放伙伴生态系统让海尔获得了有效的持续价值创新。

第五，构建共生态。

研究发现，一些企业不断地利用技术优势和信息独享，制造出更丰富的需求和选择，创新出更优质的产品和服务，就可以在短时间内被推上风口，但是如菲利普·科特勒（Philip Kotler）所言，"把独享当作目标的日子已经一去不复返了，包容性才是商品游戏的新主题"。

不难看出，长久的价值创造是命运共同体带来的集体智慧结晶，共生的逻辑是让组织形成命运共同体、拥有集体智慧的重要维度。从生物学的角度出发，共生是一种普遍存在的现象，它代表的是多种不同生物之间形成的紧密互利关系，共生生物之间相互依赖，互利互惠。由此延伸出的共生型组织，意味着不同组织之间存在着相互合作关系。在这个过程中，组织具有充分的独立性和自主性，同时组织之间基于协同合作进行信息和资源的共享，通过共同激活、共同促进、共同优化获得组织任何一方都无法单独实现的高水平发展。尽管共生不可避免地带来了冲突和分歧，但它从更大程度上强调了共生组织之间的相互理解和尊重，以及实现彼此更优越的进化循环。

第六，做好当下即是未来。

在去南极的路上我聆听了导游对南极的介绍，其中最令我刻骨铭心的是人类第一次登陆南极点的故事。徒步到达南极点，是一百多年前所有探险家梦寐以求的。有两个团队做好准备打算完成这一创举：一个是来自挪威的罗尔德·阿蒙森（Roald Amundsen）团队，另一个是来自英国的罗伯特·弗肯·斯科特（Robert Falcon Scott）团队。两个团队出发的时间差不多，但是在两个多月后的 1911 年 12 月 15 日，阿蒙森团队率先到达了南极点，插上了挪威的国旗并顺利返回了基地。而斯科特团队晚了一个多月才到达，最令人惋惜的是，因为晚到了一个多月，回程时天气非常差，最后他们没有任何一个人生还。人们在惋惜之余也在总结阿蒙森团队成功的经验，并将其归结为一句话：不管天气好坏，坚持每天前进 30 千米左右。在一个极限环境里，达成目标，你要做到最好，但更重要的是：在每一个当下，你都要做到最好。

上述内容引自我为 2019 年写的新年寄语，我对自己说：我们该了解，当一个人处于充满未知的环境下时，他的优点和弱点都会显得异常清晰，这无疑给了我们一个认识自己的机会，我们因此拥有了一种属于自己的模式，接受与未知相处，接受自己的长处和弱点。如果可以面对未知的冲击，这本身就是一种成长。"当海浪拍岸时，岩石不会有什么伤害，却被雕塑成美丽的形状。"

数字技术就是这海浪，而你要做的就是成为这块岩石。

致 谢

本书的写作可以说历时 10 年。为了深入理解数字化对生活、社会、产业与企业的影响，我走访了超过 50 家企业，请教了很多人。有些人给我指引、教导与开示；有些人给我帮助、支持和鼓励；有些人给我批评、挑战甚至误解。但正是这一切，驱动我持续深入研究、理解数字化，我对此心存感激。

首先，我要感谢的是华南理工大学和那里的同事们，是这所大学提供的支持，让我能深入企业实践，并出任公司联席董事长和首席执行官，从真实的职责去理解组织如何面向互联网转型；我在曹洲涛老师、朱桂龙老师、赵永林老师、张卫国老师、胡亦武老师的支持和帮助下，得以持续展开教学和研究。其次，我要感谢的是北京大学国家发展研究院的同事们，这里的学术研究氛围让我受益匪浅。我更要特别感谢范保群老师、朱丽老师、梅亮老师、尹俊老师、刘超老师，我们共同展开有关课题的研究，一起深入企业实践，探寻具体的案例，相互促进脑力激荡并获得成长。

感谢廖卉老师、冯强老师、智爽同学，我们组成了一个深度探索的小组，围绕新组织模式中的问题，展开跨边界的合作，每一次讨论都推进了相关议题的深化，也启发我更深入地感知组织创新中的问题以及规律性的发现。感谢廖建文老师、崔之瑜老师，围绕数字化与战略变化的主题，我们进行了长达 3 年多的深度合作。每个月的交流，不仅让我总结出了全新的共生战略，更加深了我对数字化的理解。

我要特别感谢陈明哲老师，您不仅耐心倾听我所遇到的挑战和问题，更给予我明确的指引、坚定的支持、学术的教导以及您对于全新技术背景下的管理挑战的洞见。这一切和您为学界所做的示范，都是我坚持研究的动力，而我们共同探索的议题，以及您的教学分享，更加触发了我对新技术、新环境与新组织的深入理解。

我要感谢徐石董事长和致远软件，徐少春主席和金蝶软件，Pony 与腾讯，小龙、Ted 和企业微信，永好董事长和新希望六和，张瑞敏首席执行官、周云杰总裁和海尔，高纪凡董事长与天合光能，发树董事长与新华都，刘东华先生与正和岛，何振红社长与木兰汇，正是你们的鼎力支持，使我得以更深入地探讨组织创新与文化创新，探讨具体的实践挑战以及创新的可能性。

我还要感谢我进行深度调研并与之互动的 50 家公司，正是你们在实践中不断探索组织创新的模式，给我以启发和指引，更借助于你们的帮助，我才得以认知与理解这些全新的变化。我也要感谢多所商学院 EMBA 和 MBA 组织行为学或组织管理这门课上的同学们；更要感谢《组织行为学》的教材撰写团队以及吴亚军编辑、谢小云老师，每一次与 300 所高校讲授这门课程老师们一起研讨时，你们所提出的问题、与你们的交流和互动，都给予我启发和指引，让我从更普遍的视角去理解组织管理在实践中的挑战。

我要特别感谢的是知室小伙伴们。知室小伙伴们以自己的创造力，帮助我将理论知识实现了数字化，更帮助企业通过新的学习方式养成了数字化的习惯。我们已经与超过 200 家企业、2000 位企业家一起踏上了数字化的学习成长之路，这些共同的探索，更坚定了我对组织力打造的信心，以及对数字化生存背景下组织价值重构的信心。

当然，在 10 年的写作过程中，本书中的很多观点都已经在"春暖花开"微信公众号上推送过，读者们在阅读后的留言分享更是给了我十分巨大的帮助。同样，本书的很多观点也都在一些企业中获得实践验证，在与企业实践的互动中获得的智慧加持，让我受益无穷。无论是对读者的感谢还是对实践企业的感谢，都存于心，成于文。

正如我在前言中所写到的那样，2015 年出版的《激活个体》一书完成了对个体价值崛起的管理新范式的研究；2017 年出版的《激活组织》一书完成了对组织平台新属性的研究，确定了激活组织的七项工作；2018 年与赵海然合作出版的《共生：未来企业组织进化路径》一书完成了对数字化组织价值模式的一个核心概念——"共生型组织"的界定，提出了打造共生型组织的四重境界；2019 年与朱丽合作出版的《协同：数字化时代组织效率的本质》一书，明确了数字化时代有关组织变化的三个判断和一个结论，总结出实现系统效率最大化的组织协同的构成要素。所以我也要在这里感谢为出版这四本书付出努力的合作者、编辑和出版社。

本书应人民邮电出版社的张渝涓邀请而写，她是我在 2005—2010 年出版著作的责任编辑，现在的她已经开始创业尝试全新的出版方式，我认为这也是一种新的组织模式，所以当她邀请我和她合作出版一本新书时，我接受了这个邀请。袁璐是我在 2010—2017 年出版著作的责任编辑，在本书写作中给予我支持。两位编辑的专业性和对我的作品的理解总是会给我帮助，我们合作得非常愉快。

在我撰写本书致谢名单时，有一个人是我要特别珍视的。在我尝试着把理论研究、知识学习与数字化技术相结合的过程中，我非常幸运地遇到了葛新，她让我惊讶不已。她兼具知识的洞察力与实践的行动力，同时具有产品设计与计划实现的能力，她还具有极强的企业家精神与创业精神。我尤其要感谢她的是，我们共同创设了知识实验室，创新性地提出"共生学习法"，旨在用数字技术赋能企业学习成长，帮助企业迈向数字化转型之路。她的热情、执着，尤其是对知识与教育的信仰，让我得以实现自我的数字化转型。

参考文献

[1]   弗雷德里克·莱卢.重塑组织:进化型组织的创建之道 [M].进化组织研习社,译.北京:东方出版社,2017.

[2]   彼得·德鲁克.已经发生的未来 [M].汪建雄,等译.北京:机械工业出版社,2018.

[3]   Geoff Colvin. It's China's World [J]. *Fortune*, 2019(08):65-70.

[4]   王希怡.柯达沉没 富士为何青春依旧 [N].广州日报,2012-01-21.

[5]   吴淑娟.柯达相机在济销售惨淡 [N].经济导报,2012-01-30.

[6]   李茂.富士胶片 CEO 古森重隆:变革需要强势领导力 [J].哈佛商业评论,2013(11):92.

[7]   道格拉斯·洛西科夫.当下的冲击 [M].孙浩,赵晖,译.北京:中信出版社,2013.

[8]   凯文·凯利.失控:全人类的最终命运和结局 [M].东西文库,译.北京:新星出版社,2010.

[9]   许晟,李延霞,周颖.马化腾:互联网的下半场属于产业互联网

[J].经营管理者，2019（04）：32.

[10] 熊彼特.熊彼特：经济发展理论 [M].邹建平，译.北京：中国画报出版社，2012.

[11] 姚恩育.巨头的碰撞——贝佐斯 VS 马云 [J]. 浙商，2017（15）：36-43.

[12] 彭聃龄.普通心理学 [M].北京：北京师范大学出版社，2010.

[13] 钱童心.人工智能获评未来 10 年最具破坏性技术 [N].第一财经日报，2017-08-07.

[14] 马钺.对话张勇：幸运的是，你睡觉也得睁着眼 [J].中国企业家，2018（13）：26-39+6.

[15] 贺斌.华为生态布局：能否赢得未来？ [J].中国新闻周刊，2019（36）：48-51.

[16] 埃里克·施密特.重新定义公司 [M].靳婷婷，陈序，何晔，译.北京：中信出版社，2015.

[17] 陈春花.激活个体：互联时代的组织管理新范式 [M].北京：机械工业出版社，2015.

[18] 斯蒂芬·P. 罗宾斯.组织行为学精要 [M].柯江华，译.北京：机械工业出版社，2003.

[19] Salgado, Jesús F. The Five Factor Model of personality and job performance in the European Community [J]. *Journal of Applied Psychology*, 1997, 82（1）：30-43.

[20] 林晓帆.中国大学生人格变迁的横断历史研究 [J].潍坊工程职业学院学报，2019，032（004）：68-75.

[21] 王登峰，崔红.中西方人格结构的理论和实证比较 [J].北京大学

学报（哲学社会科学版），2003（05）：109-120.

[22] 陈春花，曹洲涛，宋一晓，等.组织行为学 [M]. 4 版.北京：机械工业出版社，2019.

[23] Marvin D. Dunnette, *Aptitudes, Abilities, and Skills*[M].Skokie: Rand McNally, 1976.

[24] 付佩如.新生代员工心理契约违背与工作绩效关系研究 [J].商情，2018，000（013）：86.

[25] 彼得·德鲁克.创新与企业家精神 [M].蔡文燕，译.北京：机械工业出版社，2000.

[26] 陈春花，赵曙明，赵海然.领先之道 [M].北京：机械工业出版社，2016.

[27] 蒋勋.池上日记 [M].武汉：长江文艺出版社，2018.

[28] 切斯特·巴纳德.组织与管理 [M].詹正茂，译.北京：机械工业出版社，2016.

[29] 查尔斯·汉迪.组织的概念 [M].方海萍，译.北京：中国人民大学出版社，2006.

[30] 陈春花，朱丽.协同：数字化时代组织效率的本质 [M].北京：机械工业出版社，2019.

[31] SMITH K G, HITT M A. *Great Minds in Management: the Process of Theory Development* [M].Oxford: Oxford University Press, 2005.

[32] 阿吉里斯.组织学习 [M].张莉，李萍，译. 2 版.北京：中国人民大学出版社，2004.

[33] 彼得·德鲁克.动荡时代的管理 [M].姜文波，译.北京：机械工业出版社，2019.

[34] 陈春花 . 土耳其蓝·希腊蓝 [M]. 北京：机械工业出版社，2020.

[35] 卡尔·雅斯贝尔斯 . 历史的起源与目标 [M]. 魏楚雄，俞新天，译 . 北京：华夏出版社，1989.

[36] 王小菲 . 论乌托邦文学的三个维度 [D]. 广西师范大学，2005.

[37] 陈春花 . 我读管理经典 [M]. 北京：机械工业出版社，2016.

[38] 彼得·德鲁克 . 管理 [M]. 辛弘，译 . 北京：机械工业出版社，2010.

[39] 忻榕，陈威如，侯正宇 . 平台化管理 [M]. 北京：机械工业出版社，2019.

[40] 陈春花，赵海然 . 共生：未来企业组织进化路径 [M]. 北京：中信出版社，2018.

[41] 萨提亚·纳德拉 . 刷新：重新发现商业与未来 [M]. 陈召强，杨洋，译 . 北京：中信出版社，2018.

[42] 克莱顿·克里斯坦森 . 创新者的窘境 [M]. 胡建桥，译 . 北京：中信出版社，2014.

[43] 陈春花 . 超越竞争：微利时代的经营模式 [M]. 北京：机械工业出版社，2007.

[44] 威廉·怀特 . 组织人 [M]. 徐彬，牟玉梅，武虹，译 . 北京：北京大学出版社，2020.

[45] 乔治·梅奥 . 工业文明的人类问题 [M]. 陆小斌，译 . 北京：电子工业出版社，2013.

[46] 威廉·大内 . Z 理论 [M]. 朱雁斌，译 . 北京：机械工业出版社，2013.

[47] 柏拉图．柏拉图全集 [M]．王晓朝，译．北京：人民出版社，2002.

[48] 野中郁次郎，竹内弘高．创造知识的企业：领先企业持续创新的动力 [M]．吴庆海，译．北京：人民邮电出版社，2019.

[49] 彼得·F. 德鲁克．后资本主义社会 [M]．傅振焜，译．北京：东方出版社，2009.

[50] 孟增辉．知识定义及转化研究 [J]．计算机工程与应用，2015，51（013）：131-138.

[51] 怀特海．教育的目的 [M]．徐汝舟，译．北京：生活·读书·新知三联书店，2002.

[52] 蒋迅，王淑红．数学都知道 [M]．北京：北京师范大学出版社，2017.

[53] 彼得·圣吉．第五项修炼：学习型组织的艺术与实务 [M]．郭进隆，译．上海：上海三联书店，2003.

[54] 克劳塞维茨．战争论 [M]．中国人民解放军军事科学院，译．北京：解放军出版社，2005.